소크라테스 성공법칙

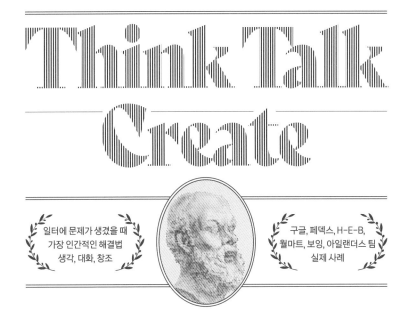

Think Talk Create

일터에 문제가 생겼을 때
가장 인간적인 해결법
생각, 대화, 창조

구글, 페덱스, H-E-B,
월마트, 보잉, 아일랜더스 팀
실제 사례

일터의 고민이 해결되는 순간 인생의 문제도 풀린다

소크라테스 성공법칙

데이비드 브렌델, 라이언 스텔처 지음 | 신용우 옮김

동양북스

나의 아버지 로버트 J. 브렌델을 기리며,

메리 고모와 깃에게

이 책을 바칩니다.

추천의 글

모든 것이 알고리즘으로 도배되어 있다. 일터와 일상의 곳곳에서 품질보다는 숫자를, 윤리보다는 측정을 선호한다. 이 책은 비인간화되는 업무와 일터에 경종을 울리면서도 연민 어린 비판을 하고 있다. 회사와 일상에서 일어나는 골치 아픈 문제들을 소개하고 있는데, 명쾌한 해결법도 제안한다. 모든 리더가 읽기를 강력히 권한다.

— 루 메리노프, 뉴욕시립대 교수, 《우울증 약 대신 플라톤을!》 저자

이 책은 팬데믹 상황에서 우리가 경험한 고립을 다시 연결해주는 놀라운 경험을 하게 한다. 여기 소개된 소크라테스의 문제해결법이라면, 나 개인과 우리의 조직, 그리고 사회에 필요한 참여와 혁신에 도달할 수 있을 것이다. 고대에 기반을 두고 있지만, 현실에도 유용한 충고, 설득력 있는 사회 비판, 매력적인 과학기술, 그리고 놀라운 이야기를 담고 있다.

— 샌드라 수처, 하버드대학교 경영대학원 교수, 《신뢰의 힘》 저자

이 책은 생각과 실천을 위한 참신한 아이디어를 준다. 심오하고 실용적이며 영감이 넘치는 방법을 담은 귀한 책이다. 기업, 의료, 정치 모든 전문 분야에 나타나는 혁신은 재능을 창조적으로 발휘하는 인간적인 노력을 의미한다. 이 놀라운 책은 당신이 사람들과 무슨 일을 하든 적용할 수 있다. 당신에게 추천한다!

— 톰 모리스, 《아리스토텔레스가 제너럴 모터스를 경영했다면》 저자

이 책은 요즘 일터에 걷잡을 수 없이 퍼진 비인간화의 흐름에 이의를 제기한다. 문제가 생겼을 때 생각, 대화, 창조, 그리고 능동적 탐구를 활용하면 개인과 팀, 조직이 높은 성과를 내는 데 실제로 효과가 있다. 이름하여, 소크라테스의 문제해결법은 지금 현실에 딱 맞는 접근법이다.

_ 폴 잭, 클레어몬트대학원 교수, 《도덕적 분자》 저자

경영학의 거장 피터 드러커는 "조직문화가 잡힌 후에야 전략을 아침 식사로 먹을 수 있다"라고 말했다. 좋은 전략보다 조직문화 개선이 더 중요하다는 뜻이다. 이 책은 다양한 예시와 함께 조직문화의 중요성을 더 새롭고 정교하게 만들었다. 성취감을 주는 일터를 만들고 더 나은 미래를 밝혀주는 로드맵이 될 것이다.

_ 프레드 P. 호치버그, 《무역은 네 글자로 된 단어가 아니다》 저자

소크라테스는 자신의 의견에 반대하는 이들조차
웃는 얼굴로 환영했다.
그렇게 끊임없이 생각하고, 대화하고, 창조했다.
이 방법이 그를 강한 사람으로 만들었다.

_ 몽테뉴, 《수상록》 '대화의 기술' 중에서

소크라테스 성공법칙은
가장 인간적인 해결법을 찾는 것

1등 닭만 모았는데, 왜 더 많은 달걀이 생기지 않을까?

동물학 교수인 윌리엄 M. 뮤어*William M.Muir*는 닭의 품종을 계량해서 더 많은 달걀을 얻고자 했다. 일단 9개의 닭장에 여러 마리의 암탉을 넣고 각각의 달걀 수를 셌다. 그렇게 각각의 닭장에서 가장 많은 알을 낳는 암탉을 선별해 하나의 번식장에 모았고, 다시 알을 낳도록 했다.

그런데 예상치 못한 일이 일어났다. 알을 가장 많이 낳는 암탉만 선별하는 방식으로 몇 세대가 지나자, 엄청나게 공격적인 새로운 품종이 생겨난 것이다. 이 암탉들은 깃털이 남아

나질 않을 정도로 서로를 맹렬하게 공격했고, 많은 닭들이 죽었다. 당연히 달걀 생산량은 곤두박질쳤다.

한편, 뮤어 교수는 이와 별도로 개체별이 아닌 단체별로 달걀의 수를 비교하는 실험도 함께 진행했다. 여러 닭장에서 생산되는 달걀의 수를 비교해 생산성이 가장 좋은 닭장의 모든 닭을(1등 닭을 포함해서) 번식장으로 보냈다. 그렇게 몇 세대가 지났다.

이때 흥미로운 일이 생긴다. 모든 암탉이 깃털이 뜯기는 일 없이 건강하게 살아남은 것이다. 당연히 달걀 생산량은 160퍼센트로 치솟았다. 우리는 이 실험에서 2가지 교훈을 얻을 수 있다.

첫째, 뮤어 교수는 정량적(양적) 수치만 측정해서 하나의 개체만 선별했다. 닭에게 이 선별법이 통하지 않은 건 다른 암탉을 쪼고 죽이기까지 하는 공격적인 개체가 알을 제일 많이 낳을 확률이 높았기 때문이다. 단순히 숫자만 생각했기에 달걀을 더 많이 얻을 수 없었다.

둘째, 이 실험은 달걀을 계속 낳기만 하는 지극히 개별적인 활동도 사회 환경에 따라 결과가 많이 달라진다는 걸 보여준다. 즉, 서로 할퀴고 쪼고 결과만 측정하는 닭장은 창의성을 발휘하기는커녕 목표를 달성하기도 쉽지 않은 환경이었다.

이 책에서는 닭장처럼 일터를 장악하고 있는 무분별한 생산성 추구의 문제점뿐 아니라 서로 '할퀴고 쪼는' 태도를 낱낱이 진단한다. 한편, 이런 태도를 대체할 방법을 확실하게 제안한다.

오늘날 사회에 존재하는 비인간적인 현상을 해체할 수 있는 건 인간애뿐이다. 그렇다면, 사람을 사람으로 정의해주는 특별한 요소가 있을까? 다행히도 있다. 바로 생각하고, 말하고, 창조하는 능력이다. 여기에서 제시하는 생각, 대화, 창조 공식은 직업 및 조직 환경을 더 즐겁고 영감이 넘치며, 문제를 혁신적이고 성공적으로 이끄는 방법이다.

이 방법은 고대 철학자 소크라테스의 대화에서 따온 것으로, '소크라테스의 문제해결법'이라고 정의하고자 한다.

이처럼 단순하지만 오랜 시간 검증된 방법을 적용하면, 기업과 조직의 성공 가능성이 높아질 뿐 아니라 모든 주주와 직원, 고객, 환자 심지어 주변인들도 유익하다는 걸 알게 될 것이다.

*
**

오늘날 많은 조직의 근본적인 문제는 '뭐든 측정하면 된다'는 경영이론을 비판 없이 받아들여 숫자만 맹신하고 밀어붙이는 데 있다. 그 결과 뮤어가 했던 암탉 실험처럼 개인의 행복과 그룹 전체의 성과까지 망치고 있다. 더 나아가 숫자에 대한 집착은 사회 전체를 위험에 빠뜨린다.

현대 물리학은 측정하는 방법에 따라 빛이 입자 혹은 파동이 될 수 있다는 교훈을 줬다. 마찬가지로 인간의 활동도 보는 관점에 따라 다양한 방법으로 측정할 수 있다. 사회생활을 하면서 우리는 종종 수익에만 집착하게 된다. 정작 우리가 원하는 장기적 성공을 이루는 데 필요한 존중, 협동, 신뢰, 사회통합처럼 가치 있는 것들은 무시하게 된다.

"CEO의 유일한 책임은 주주의 가치를 올리는 일이다."

이런 뻔한 말은 현대 사회에 만연한 숫자 중심의 태도를 보여준다. 단편적인 숫자에 대한 집착(투자 수익률)은 지난 수십 년 동안 다른 이해당사자(고객, 사회, 직원, 환경)들이 부당한 대우를 받게 했다. 특히 새롭고 혁신적인 산업 분야에서는 더욱 인간을 '숫자'로만 보고 데이터화해서 상황을 심각하게 만든다. 비슷한 예로, 의료 알고리즘은 계속 발달해왔지만, 개인에게 필요한 치료를 절충하는 사례들이 많아지며 최악의 경우 무고하게 죽는 사람도 생겨났다.

숫자에 집착하는 사회에서 지나치게 숭배하는 수치로 GDP(국민총생산량)가 있다. 그러나 이 숫자에는 사회의 발전이나 삶의 질 향상, 혹은 다른 의미 있는 부분들이 전혀 담겨 있지 않다. GDP는 단지 얼마나 많은 물건이 생산됐는지 알려

줄 뿐이다.

이 편협하고 근시안적 계산법에 따르면 바이올린 연주자가 되거나, 아이들에게 읽기를 가르치거나, 깨끗한 공기를 마시는 일이 수십 톤의 철이나 고무 혹은 다른 물건을 생산하는 일과 비교해 아무런 가치가 없다. 이런 계산법은 종종 수치적인 목표를 이루기 위해 생필품을 사막으로 가져가 날려버리는 등의 무자비한 행위를 저지르게 한다.

이렇게 높은 GDP에 대한 무분별한 추종이 전 세계에 퍼져 나가면, 결국 우리는 가장 중요한 문제인 인류의 생존을 스스로 간과하게 될 것이다.

2019년 유엔의 생물다양성 과학기구에서 다수의 사회 및 자연 과학 전문가들이 모여 연구한 내용을 발표했는데, 우리 행성의 냉혹한 미래를 나타내는 숫자들이 포함돼 있었다. 지구에 사는 식물, 곤충, 그리고 동물 중 8분의 1에 해당하는 100만 종 이상이 수십 년 내에 멸종할 상황에 처해 있다는 것이다. 이 획기적인 연구의 저자들은 결론을 에두르지 않고 다음과 같이 표기했다.

"전 세계적으로 이뤄지는 끈질긴 경제적 성장이
지구의 생명들을 위기로 내몰고 있다."

우리 두 사람은 백악관과 하버드 의대를 포함한 주요 기관에서 따로 혹은 같이 일했다. 그리고 이런 선진적인 환경에서 일한 경험을 바탕으로 학계, 의료, 사업, 정부를 아우르는 책을 집필해 모든 산업과 전문 분야를 넘나드는 방법론인 '생각, 대화, 창조' 공식을 제안하려 한다.

*

우리는 각 분야에서 숫자에 지나치게 집중하는 경영 방식으로 인해 조직이 쇠퇴하고, 사람들이 무미건조하고, 스트레스성 질병에 걸리는 장면들을 목격해왔다. 그 결과 종종 절벽 끝에 서 있는 사람들이 전문가들과 상담하기도 했다.

이 책은 일터와 일상 속에 흔한 감기처럼 퍼져 있는, 다른 모든 걸 무시하고 수치적인 사고방식에 지나치게 의존하는 현상을 발견하고 진단했다.

경제학자들이 말하는 '절대적인 주주의 가치'를 우리만 반박하는 건 아니다. 앞서 수많은 전문가들이 우리의 일상에 들어온 인공지능과 알고리즘의 침해에 경종을 울렸다. 수천 년 전부터 정량적인 태도(양을 중시)와 인본적인 태도(인간의 가치와 개성 존중)는 경제와 의료 그리고 모든 분야에서 대립해왔다.

수학 역사학자인 아미르 알렉산더*Amir Alexander*는 최근 〈뉴욕타임스〉의 기사에서 이 갈등을 "아주 깊은 곳부터 불가사의한 세상을 수학 옹호론자들이 정돈하려고 하는 기나긴 노력"이라고 표현했다.

지금까지 수학과 과학이 우선시되고 인류의 행복에 크게 기여한 것은 사실이다. 하지만 인간의 고유한 복합성은 언제나 예측불허다. 그런데 우리는 이런 미묘하지만 혁신적인 힘인 감정, 의미, 목적, 개인주의 등을 위험할 정도로 무시하고 있다.

프랑스의 생물학자 장 로스탕Jean Rostand은 이 상황을 이렇게 말했다.

"과학은 우리가 참된 인간이 되기도 전에
우리를 신으로 만들었다."

인류는 폭발하는 정보와 기술을 일상에 적용하는 방법을 알아내기 위해 여전히 노력하고 있다. 특히 경제지수나 컴퓨터 알고리즘, 증거 중심 의술 등을 포함해 데이터로 성과를 확인하는 기업은 더욱 숫자를 중요시한다. 이건 분명 도움이 되지만 방치하면 삶을 파괴할 것이다.

이 기술들이 인간의 삶의 방향을 결정하게 두지 않고, 대신 공통 가치를 위한 지렛대로 활용할 수 있을까?

인간은 기술의 신이 될 수 없다. 대신 애초에 어떤 목적으로 그렇게 정교한 수학과 과학을 만들었는지 이해하고 적용할 때 인간다운 존재가 된다.

소크라테스 문제해결법이 절실한 이유

이 책의 목적은 비평하는 데 그치지 않고, 대안을 제시하는 데 있다. 개인의 삶과 조직의 성과를 모두 향상하려는 우리의 시도는 능동적 탐구Active Inquiry에서 시작된다.

능동적 탐구는 인문적 행위다. 상명하달, 지휘 및 통제, 수십 년 동안 만연해온 엄격하게 숫자에 기초한 접근법과 정반대다. 능동적 탐구는 아크로폴리스만큼 오래됐지만, 신경생물학의 최신 연구만큼이나 현대적이다. 직장에서 높은 생산성을 내는 일을 포함해 인간의 성공에 영향을 끼치는 요소를 연구하는 것은 과거와 현재가 동일하다.

소크라테스의 문제해결법(생각, 대화, 창조)은 능동적 탐구의 실습과목으로 능동적 탐구가 힘을 발휘하고 결과를 내는 단계적 실행 과정이다. 처음으로 인간의 부족이 충분히 먹고, 큰 위험에 단 몇 시간이라도 노출되지 않게 된 수만 년 전부터 인간은 모든 것의 의미를 생각하기 시작했고, 종교를 만드는 걸 넘어 그리스에서 철학을 꽃피우게 됐다.

우리는 철학, 진실, 의미 같은 인문주의적 개념에 관심이 많다. 이것들은 개인, 기업, 그리고 사회가 번영하는 방법에 관한 연구를 할 때 많은 영향을 줬다.

고대 그리스어를 현대적으로 연구하며 알게 된 능동적 탐구는 개인이 어려움이나 기회를 맞이했을 때 신중하게 생각하는 방법, 개방형 질문을 통해 다수를 대화로 끌어들이는 방법, 전략을 함께 만드는 방법을 가르쳐준다. 우리는 능동적 탐구, 적극적 탐구 과정을 통해 존중과 공감을 배양하고, 신뢰를 구축하며, 공동의 가치를 정의해 결과적으로 혁신성과 더 좋은 재무성과를 만들 수 있다. 이른바 남들과 부드럽게 소통하는 자질로 딱딱한 자연과학에 기여한다.

하지만 능동적 탐구는 즉각적으로 효과를 나타내지는 않는다. 내년의 사업 모델을 대체하기 위해 연말 기업회의에서 논의할 이달의 아이디어도 아니다. "누군가에게 낚시를 가르쳐주면 평생 먹을 걱정을 없애준다"는 말이 있다. 능동적 탐구는 완전히 새로운 방법으로 인생을 사는 방법을 가르쳐준다.

우리에게 영감을 준 소크라테스는 고대 사회의 어려운 문제를 해결하려 노력했다. 그런데, 단 한 번도 계산을 위해 필기구를 들지 않았다. 대신에 아테네의 여러 시민들과 깊은 대화를 나누며 세월을 보냈다.

그는 사람을 모으고 개방형 질문('예'나 '아니요'로 답할 수 없는)을 던져 진리나 통찰에 도달하기 위해 함께 노력했다. 이 것은 지금까지도 철학에서 소크라테스식 문답법이라고 가르 치는 기술로, 상대방이 대화를 통해 자아를 발견하고 함께 문 제를 해결해 나가는 힘을 준다.

능동적 탐구는 다른 사람과 참된 협업을 하는 기회를 주지 만, 자아성찰과 자제력이 필요하다. 겉으로 보기에는 단순해 보인다.

하지만, 능동적 탐구는 미묘한 편견이나 비판조차 포함되 지 않은 질문들로 이루어져야 한다. 진심으로, 열린 마음으로 학습에 집중하며 선입견으로부터 완전히 자유로워야 한다. 듣 고 배우기에 완전히 몰두해야 한다. 정보가 중심인 세상에서 우리가 과학, 기술, 의학, 그리고 사업 분석에 집중하고 진지하 게 받아들이는 만큼 반드시 훌륭한 대화 상대가 되려고 노력 해야 한다.

능동적 탐구와 생각, 대화, 창조의 과정을 발달시키고 연마 하려면 많은 연습이 필요하다. 이 방법은 겉으로 보기에 너무 뻔하고 직선적이라 대부분 가볍게 생각한다. 하지만 현대의 계산적인 세상이 필요로 하는 가장 어렵고 완성하기 힘든 기술이다. 배울 때 들이는 시간과 노력은 삶의 질과 인간의 존엄성 향상 그리고 자본주의 사회에서의 수익성으로 크게 보답받을 것이다. 우리는 이 책에서 현실 속 이야기를 들여다보고 어떻게 그 과정이 펼쳐지는지 보여주려 한다.

인공지능과 능동적 탐구는 학습기능이 있다는 공통점이 있다. 하지만 AI 기계나 탐구하는 인간의 뇌에는 소프트웨어나 유전 코드가 완벽하게 갖추어져 있지는 않다. 대신 둘 다 가변적이라 새로운 문제에 잘 적응한다. 이들은 입력값에 맞춰 미리 프로그램되지 않은, 정해지지 않은 방식으로 스스로 형태를 만들어 민첩하게 처리한다.

대화는 능동적 탐구에서 학습과 자기 형성에 주요한 동력이다. 우리의 두개골 안에 있는 적응하는 '기계'는 불가사의한 방식으로 서로 연결된 860억 개의 신경 세포로 이루어진 망이다.

물론 숫자는 중요한 입력값이지만, 나쁜 판단을 피하려면 대화, 세밀한 분별력, 복잡한 판단 과정이 꼭 필요하다. 팀으로 일하는 사람들은 보고하는 쪽이든 받는 쪽이든 결과에 신경을 쓰게 된다.

그럼, 의사소통 기술을 상품으로 만들 수도 있을까?

능동적 탐구와 인간적인 가치에 집중해서 일하는 건, 최고의 실력을 갖춘 인력을 고용하는 것과 어떤 차이가 있을까?

구글이 성과 높은 팀을 분석해서 밝혀낸 것

구글은 가장 완벽한 팀을 만드는 것이 무엇인지 알아내기 위해 2012년부터 4년간 아리스토텔레스 프로젝트를 진행했다. 그리고 연구자들은 팀이 최고 성과를 내는 비결이 개인의 전문성이 아니라는 사실을 발견했다.

뮤어 교수의 실험용 암탉들처럼 가장 좋은 성과를 내는 팀의 비결은 팀원의 개성이나 구성원 그 자체로는 설명하기 힘들다. 그 팀의 비결은 팀원들 전체가 가진 '심리적 안정감*Psychological Safety*'이 가장 중요한 요소였다. 즉, 어떤 생각, 의견, 질문 등을 팀원들 앞에서 말했을 때 처벌받거나 굴욕을 당하지 않을 것이라는 믿음이다.

그럼, 심리적 안정감이란 무엇을 의미할까?

바로 개인이 아이디어와 통찰력을 주도적으로 공유할 수 있도록 힘과 용기를 주는 대인관계의 상호작용이다.

1990년 윌리엄 칸*William Kahn*은 심리적 안정감을 "직원이 자신의 인상, 지위, 경력에 부정적인 결과가 미칠까 걱정하지 않고 나서서 보여줄 수 있는 상태"라고 정의했다. 이는 하버드 대학교 경영대학원의 에이미 에드먼슨*Amy Edmondson* 교수가 최근 수년간 주장한 내용이다. 그녀는 심리적 안정감이 없으면 결국 사업에서 실패한다는 연구결과를 발표했다.

이와 비슷한 사례들이 많은데, 신뢰를 구축하는 것과 열린 대화가 얼마나 중요한지 알 수 있다. 다양한 사례들을 살펴보자.

① 한 연구에서 약 100명의 실무자를 작은 그룹으로 나눠 특정 전략 과제를 해결하게 했다. 단, 브레인스토밍을 시작하기 전에 한 그룹은 개인적인 성공담을, 다른 그룹은 개인적인 실패담을 공유하게 했다. 대화가 10분 진행됐을 때, 실패담을 공유했던 팀은 개인적인 성공담을 공유했던 팀보다 아이디어를 26퍼센트 더 많이 냈다. 사람들이 편하게 자신의 약점과 취약성을 드러냄으로써 심리적으로 안정적인 환경이 형성됐고, 창의성이 늘어 성과가 좋아졌다. 또한, 아이디어를 비판이나 보복, 일에서 제외될 두려움 없이 자유롭게 공유하면서 팀에 협력할 수 있었다.

② 〈월스트리트 저널〉은 공감 훈련을 받은 직원이 다른 직원보다 순수입이 50퍼센트 많았다는 사실을 발견했다.

③ 서던캘리포니아대학교가 일류 기업가들에게 디지털 경제에서 성공하기 위한 전문경영인의 자질에 대해 물었다. 이들이 기본적으로 대답한 5가지 특징은 융통성, 문화 적응력, 지적 호기심, 공감 능력, 그리고 360도(전방위적) 사고방식이

었다. 모두 능동적 탐구를 강화하는 핵심 요소들이다.

④ 카네기멜론대학교 카네기 공과대학은 경제적 성공의 약 85퍼센트가 인간공학(대화, 협상, 타인을 주도할 수 있는 성격과 능력) 기술과 연관된 반면, 기술적 숙련도와 연관된 경우는 단 15퍼센트에 불과하다는 사실을 발견했다. 액센추어(컨설팅 회사)가 2006년 주도한 공동 연구에서도 사회적 참여, 자아 인식, 사회 인식 능력이 정량적인 수치보다 성공에 더 중요한 변수로 나타났다.

⑤ 〈뉴욕타임스〉의 기술 분야 논평가인 카라 스위셔는 최근 주가를 올리는 기술 기업들이 고용하는 CEO의 성향에 관한 글을 썼다. 이들 중에 일하지 않으면서 엄청난 연봉을 받는 경영자는 아무도 없었다. 이 업계는 고객 정보를 무분별하게 공유하거나 외국 독재자와 결탁하는 등 많은 사건을 겪었다. 그래서 새로운 CEO에게는 최고의 윤리성이 요구되었다. 뛰어난 수학적 사고방식을 가진 사람들도 도덕적인 나침반이 없으면 곤경에 처하게 된 것이다.

⑥ 스탠퍼드와 세계경제포럼의 연구에 나온 불안, 우울, 스트레스와 관련된 질병의 주요한 원인 중 하나는 업무였다. 지

난 15년 동안 자살률이 24퍼센트나 치솟았는데, 〈미국 예방의학 저널〉에서 2015년 발표한 연구를 보면 '업무 고충'이 자살이 급증하게 된 주요 원인 중 하나였다. 인구통계학적으로 자살과 관련된 생각을 가장 많이 하는 세대는 경제활동이 가능한 성인이었다. 콜센터 직원부터 헤지펀드 매니저, 회계사, 의사, 변호사, 상담가까지 모든 집단이 고충을 겪고 있었다.

⑦ 마지막 예시는 가장 의외의 장소인 경영 컨설팅 분야의 기업이다. 코로나19 팬데믹 상황에서 많은 정부가 서툴게 대응하며 제 기능을 하지 못했다. 하지만 대규모로 컨설팅을 운영해 침착하고, 존중하며, 장기적인 안목으로 성장과 수익률을 바라본 기업도 있었다. 이들은 혼돈 속에서도 직원들에게 모두 힘든 시기니 그냥 받아들이라고 말하는 대신 능동적 탐구의 장점을 활용해 조직문화를 바꾸려 노력했다.

숫자 중심의 정량적 측정법은 공감이나 관계, 의미를 원하는 인간의 모호한 본성을 인정하지 않는다. 이 '숫자 중독자'들은 사람들에게 사냥꾼 무리가 되어 진격하라고 소리치며 이렇게 명령한다.

"계속할 수 있는 일이라면 그냥 하면 된다. 생존의 법칙, 든

든한 배가 중요하다. 이 일을 좋아하라고 말한 사람은 아무도 없다. 열심히 하라고 말한 사람도 없다. 그냥 숫자만 찍어내면 된다.”

이 말은 헤지펀드 매니저에게도 아마존의 창고 직원에게도 모두 적용된다. 멘탈이 강한 사람이라면 조금 더 안락하게 살며 휴가도 멋지게 보낼 테지만, 결국 모든 소득 계층의 일꾼들은 똑같이 냉엄한 현실에 놓여 있다. 무슨 일은 하든지 숫자를 채우지 못하면 모든 걸 잃게 된다. 테니슨의 말을 인용하자면, “어금니와 발톱이 붉게 물든 자연의 모습”처럼 냉혹하다.

최근 연구를 보면 뇌가 현재의 크기로 복잡하게 진화한 건 생존에 두 가지 이점을 제공하기 때문인데, 개인의 공격성이나 경쟁심과는 별로 상관이 없었다. 대신에, 뇌의 진화는 넓고 복잡해진 사회에서 인간관계를 관리할 수 있는 능력과 혼란스러운 경험을 하나의 연결된 이야기(의미)로 만드는 능력 덕분이었다.

비판론자들이 우리의 주장이 모호하고 과학적이지 못하다고 말하는 건 오히려 그들의 과학지식이 뒤처져 있기 때문이다.

“위기는 기회와 함께 온다”는 말이 있다. 팬데믹으로 인해 모든 사람이 고통과 혼란을 겪었다. 개인의 안전이 위협받고 모두의 일상을 뒤흔드는 상황에 이르자, 수많은 사람들은 인생의 가치와 의미에 관해 다시금 생각하게 되었다. 사회적으로 고립되고 죽음을 현실에서 일상적으로 생각하게 된 것이다.

이에 많은 사람들이 현대 조직의 해로운 현상을 "끔찍하고, 잔인하고, 짧다"고 보는 홉스의 관점을 지지했다. 그리고 "그게 전부야?"라는 페기 리의 노래에 공감했다. 또한, 현대 신경과학, 진화생물학, 행동경제학을 통해 "묻지 말고, 그냥 전진해"라는 관점이 얼마나 멍청한 말인지 알게 됐다.

폴 크루그먼*Paul Krugman*은 펜데믹 상황에서 쓴 〈뉴욕타임스〉의 논평에서 이런 질문을 던졌다.

"결국, 경제의 목적은 무엇인가?"

그리고 이렇게 답했다.

"만약 당신의 대답이 '사람들이 물건을 살 수 있는 수입의 창출'이라면 잘못된 대답이다. 돈은 궁극적인 목표가 될 수 없다. 돈은 삶의 질을 높이기 위한 수단에 불과하다."

그리고 삶의 질을 높이기 위한 최선의 시작은 '죽지 않는 것'이라고 결론지었다. 여전히 일부 고용주들은 펜데믹 위기에도 직원들에게 생산성을 유지하도록 강요하면서, 정작 전염병 예방을 위한 적절한 안전장치를 제공하지 않아서 일터를 비인간적으로 만든다.

이 책은 비인간화가 얼마나 위험한지 다양하게 접근하려 한다. 우리에게 신뢰가 경제발전에 얼마나 중요한지 보여준 신경경제학의 창시자인 폴 잭*Paul Zak*, 그리고 20세기 중엽 경제학자들이 '합리적 이익 추구'만 호소한 게 얼마나 잘못된 일인지 보여준 대니얼 카너먼*Daniel Kahneman* 같은 최고 학자들의 업적을 다룰 것이다.

과학의 새로운 물결은 선형적인 합리성으로는 인간의 마음을 움직이고 동기를 부여할 수 없다는 걸 보여준다. 인간은 매우 비이성적인 동물로 아주 감성적이고 사회적으로 깊게 연결돼 있다. 그래서 사회적 감각과 행복이라는 감정이 우리의 성과에 커다란 영향을 끼친다.

이렇게 복잡하고 놀라운 인간성이 숫자 뒤에 숨어 있기 때문에 증거를 바탕으로 행동을 예측하는 일이 어렵다. 우리는 양자물리학의 가설과 연구로 인해, 실존이란 얼마나 모호하며 불확실한 것인지 알게 된 포스트 뉴턴 세상에 살고 있다.

우리는 비인간화에 반대하는 힘을 조직하고 알리는 과정에서 소크라테스의 문제해결법인 생각, 대화, 창조 과정을 철저하게 활용했다. 의학에서는 환자가 당장 겪고 있는 증상을 완화하는 것도 중요하지만 질병의 근본적인 원인을 파악하는 것도 필요하다. 목에 칼이 겨누어진 조직이 당장 더 좋은 분기 성과를 만들기 위해 재정수치나 경영방침을 수정하는 건, 단기적으로 증상을 완화하는 것에 불과하다.

능동적인 탐구는 문제의 근본을 향해 나아가는 길이 되어준다. 마음을 열고, 근본적인 정보를 얻고, 많은 양적 정보 안에 숨겨진 복잡한 인간의 문제를 진단하도록 만든다. 또한, 민주적인 대화를 조성하고 참신한 해결책을 만들어 업무와 관련된 문제를 해결하게 돕는다. 이런 일들은 작업환경을 정돈하고, 조직이 성공하는 힘을 주며, 사회를 안전하고 건강하게 만들어준다.

철학자의 생각법에서 찾아낸 '소크라테스 성공법칙'

이 책은 소크라테스의 문제해결법이 사회 곳곳에서 다양하게 활용될 수 있다는 걸 알려준다.

먼저, 1장은 소크라테스의 문제해결법인 생각, 대화, 창조 과정을 설명한다. 사례를 통해 어떻게 직장의 골치 아픈 문제를 해결하고 천성적으로 선한 마음을 회복해주는지 보여준다. 생각, 대화, 창조를 활용해 성과를 내려면 일터에서 무엇이 기본적으로 갖춰져야 할지 알 수 있다.

2장은 심리적 안정감의 중요성을 탐구하고 그 힘을 보여주는 연구를 다룬다. '개방형 질문'이 어떻게 조직을 바꾸는지, 구글의 아리스토텔레스 프로젝트는 어떻게 진행되었는지 알 수 있다.

3장은 심리적 안정감을 가진 상태에서 능동적 탐구를 하면 정보수집에 얼마나 유리한지 사례를 통해 소개한다. 능동적 탐구는 단순히 질문만 하는 게 아니라 철저하게 적용해야 한다는 걸 보여준다. 의학이나 다른 분야의 과학 전문가들은 훈련된 무능에 빠질 위험이 높다. 이들은 자신이 가장 잘 알고 있는 사실에 지나치게 집중해서 대인관계의 신호를 놓친다.

4장은 훈련된 무능과 독단적인 성격을 가진 기술회사의 공동 창립자가 능동적 탐구 덕분에 자신의 경력과 가정의 문제를 개선한 이야기다. 또한, 우리를 비인간화된 일터에 몰아넣을 수도 있고, 반대로 인간애가 살아있는 일터를 구축하도록 돕는 신경생물학에 대해 다룬다. 뇌의 변연계 깊이 자리한 편도체가 잘 조절되지 않고 과열되면 적대심, 괴롭힘, 불신이 심해진다. 모두 생산성, 효율성, 끝없는 성장에 광적으로 집착해 생긴 결과다.

그리고, 4~6장에 걸쳐 비인간화된 일터에서 생기는 건강 문제와 경제적 위험요소를 알려준다. 우리는 업무로 고통받는 개인들에 관한 사회과학적 조사와 사례를 서술하고 다양한 관점으로 문제에 접근한다. 또한, 역사적으로 삶의 질이 노예보다 낮지 않았던 노동력 착취 시절부터, 20세기 중반 중산층의 번영, 상위 1~2퍼센트에게 엄청난 부가 쏠리게 된 현상, 그 후 뒤따른 경기 침체와 긱 경제*gig economy*(정규직보다 계약직이나 임시직으로 사람을 고용하는 경향이 커지는 경제)를 순차적으로 다룬다. 이에 따른 업무 스트레스와 소외감에 관한 이야기도 덧붙인다.

이런 상황에서도 우리가 희망을 버리지 못하는 이유가 있다. 소크라테스의 문제해결법을 장기간 잘 사용하면, 이해관계자들이 더 많이 관여하고, 사회가 발전하며, 경제적 이득도 생기기 때문이다.

한편, 7장에 나오는 프로 스포츠팀 이야기는 경청하는 자세가 팬들에게 얼마나 깊은 인상을 남기고 장기적인 보상을 주는지 보여준다. 여기에는 능동적 탐구가 어떻게 행동경제학의 성과를 극대화하는지도 나타난다. 사람들은 중요한 지출을 결정할 때 합리적인 이익 추구보다는 감정의 흐름을 기반으로 할 때가 많다. 이런 역동성에서 흘러나오는 경제적 활력은 관련된 모든 사람에게 기쁨을 주는 원천이 된다.

마지막으로, 10장에서는 윌리엄 제임스*William James*의 철학인 '믿을 의지'를 인지심리학 연구를 기반으로 살펴본다. 우리는 스스로 어떻게 생각하고 어떻게 살아갈지 선택할 수 있다. 당연히 그래야만 한다. 우리는 각자 업무의 지위나 삶의 시기에 상관없이 의미 있는 선택을 내릴 수 있다.

이 책에는 많은 사람들이 자신과 일터의 문제를 해결한 특별한 비법이 나온다. 또한, 소크라테스의 문제해결법을 잘 활용했을 때의 장점, 그렇지 못했을 때의 문제점을 선명하게 대비시킨다.

우리는 이것을 구글, 페덱스, H-E-B, 북미아이스하키 아일랜더스 팀, 풋노트, 프랑스 텔레콤, 월마트, 보잉사 등 실제 기업들의 사례를 통해 확인할 수 있다.

모두 배경과 구성원의 지위가 다양하지만, 결국 생각하고 대화하고 창조하는 '인간'이라는 공통점을 가지고 있다. 우리에게 대단한 리더의 자질까지는 필요없다. 우린 이미 무엇이든 할 수 있는 마음과 능력을 가지고 있다.

이 책은 비인간화되어 가는 일터와 일상에서 '심리적 안정감', 즉 인간적인 방법이 얼마나 중요한지 알려준다. 이것은 업무 성과를 올리고, 무엇이든 성공으로 이끄는 힘의 원천이다.

이때 사용되는 방법론이 바로 생각, 대화, 창조로 이어지는 '소크라테스의 문제해결법'이다. 당신의 통장에 얼마가 찍혀 있든, 어떤 일을 하든, 더 나은 삶을 살고자 하는 모든 사람에게 권한다.

가장 인간적인 해결법을 찾는 '소크라테스 성공법칙'은 단순하지만 압도적이다.

Think Talk Create

1장

일과 인생의
가장 큰 변수는 '사람'

The Human Variable

상대방을 부수고 없애는 건 성공적인 협상이 아니다.
모든 당사자가 서로 존중하고 '적당히' 만족할 때
일이 훨씬 좋게 풀린다.

case 불구가 된 소년의 보상금
: 수익, 연민, 내 인간성까지 지킬 수 있을까?

몇 년 전 자동차 사고로 불구가 된 10살 소년이 있었다. 소년은 하반신 마비와 여러 곳의 신체적 부상 외에도 정신적으로 심각한 외상 후 스트레스를 겪었다. 당연히 장기적인 치료가 필요했다. 문제는 사고를 낸 운전자의 보험사가 자신들의 손익만 따져야 할지, 아니면 사회적, 도덕적 책임을 다해야 할지 결정하는 일이었다.

10살 소년이 타고 있던 차를 상대 차의 운전자가 옆에서

들이받아 사고를 일으켰다는 데는 이견이 없었다. 아이의 아버지는 사고 당시 고속도로에서 과속 중인 듯했지만, 경찰의 조서에는 상대 운전자에게 대부분의 책임이 있다고 써 있었다. 아이의 아버지는 4만 5,000달러짜리 보험을 들어놨고, 보험사는 소년에게 최대치를 지급했다. 상대 운전자도 50만 달러에 이르는 상당한 금액의 보험에 가입돼 있었다.

과연 이 소년은 얼마를 받을 수 있을까?

이런 경우에 보통은 손해사정사에게 모든 문서가 전달된다. 이 사건은 보험사에서 오래 근무한 '제이'라는 사람이 맡게 됐다. 제이는 지금까지 이런 슬프고 안타까운 사건을 수없이 목격해왔다. 그리고 그의 업무는 상대측과 보험금을 협의해 불필요한 소송을 피하는 일이었다. 손해사정사로서 그의 업무능력을 노골적으로 이야기하자면, 피해를 본 개인이 청구하는 금액을 최대한 적게 만들어 보험사의 돈을 아끼는 게 핵심이었다. 대개는 청구인(혹은 청구인의 대리인)과 협상을 주고받으며 사고의 피해자가 받을 금액을 책정했다.

제이는 지금까지 일해 오면서, 매년 보험사의 지출을 수백만 달러나 줄였을 정도로 노련한 직원이었다. '예'라는 대답을 끌어낼 줄 아는 친절하지만 단호한 협상가로, 항상 일을 빠르게 처리하고 다음 업무에 돌입했다.

하지만 이런 베테랑에게도 불구가 된 소년의 사건은 좀 다르게 느껴졌다. 협상을 냉철하게만 진행하는 것이 옳은 일이 아니었다. 제이는 직업상 수년 동안 불편한 임무를 도맡아 해 왔다. 하지만 이 사건을 강경하게 처리한다면 설령 도덕적으로 큰 문제가 없더라도 불미스러운 사례로 남을 것 같았다.

소년은 신체가 영구적으로 훼손됐고 장기적인 치료가 필요했다. 자세히 따져보지 않더라도 대리인에게 50만 달러의 보험금을 지급하는 게 당연한 상황이었다.

제이에게는 10살 된 피해자와 또래인 아들이 셋 있었다. 그럴 일은 없어야겠지만, 만일 제이의 아들이 비슷한 사고를 당한다면 그는 얼마의 보험금을 책정해야 할까? 제이는 이번만큼은 회삿돈을 한 푼이라도 더 아끼기 위해 상대 변호인과 다툴 때가 아니라고 상관을 설득할 생각이었다. 그런데 소년의 변호사가 먼저 전화로 뜻밖의 제안을 했다.

"당장 25만 달러를 주신다면 소송을 마무리하겠습니다."

제이는 이 말에 충격을 받았다. 소년의 변호사는 뉴욕 북부의 시골 마을에서 개업한 지 얼마 안 된 젊은 변호사였다.

대체 무슨 생각이길래 10살 난 의뢰인이 앞으로 수십 년간 사용해야 할 치료비조차 제대로 책정하지 못하는 걸까? 혹시, 이 젊은 변호사에게 개인적으로 급한 일이 생겨서 빨리 합의해버리고 자신의 몫을 챙기려는 걸까?

맨해튼 사무실에 앉아 있던 제이는 회사를 위한 손쉬운 승리를 택할 경우에 자신이 회삿돈 25만 달러를 아낀 영웅이 된다는 사실을 알고 있었다. 하지만 곤경에 처한 소년과 부모를 외면할 수는 없었다. 그들이 다른 보험사에서 이미 받은 4만 5,000달러에, 추가로 제이의 보험사에서 25만 달러를 받더라도, 아이의 장기적인 치료에 들어갈 돈을 생각하면 턱없이 부족한 액수였다. 제이는 숫자를 최우선으로 계산하는 업계에서 곤란한 상황에 빠졌다.

- 실무자로서 회사의 수익성만 생각하고 결정을 내려야 할까?
- 이런 상황에서도 주주들의 가치만 따져야 할까?
- 아니면, 사회적 책임이나 회사의 평판 같은 다른 신념들을 생각해야 할까?

만약 지금 상황에서 제이가 규정대로만 움직인다면, 해야 할 일은 명백히 정해져 있다. 하지만 그런 계산법에 앞서 가장 인간적인 방법을 찾아야만 한다.

다행히도, 제이는 먼저 한발 물러서서 자기 생각을 명확하게 정리하고, 의미 있는 대화를 나누고, 해결책을 조율해보았다.

소크라테스의 문제해결법은 제이가 올바르게 행동하기 위한 틀이 될 뿐만 아니라, 복잡한 문제를 해결하기 위한 전략이 되었다.

제이는 수익과 윤리에 얽힌 딜레마를 풀어가며, 직감적으로 이 단계들을 밟아갔다. 그는 소년의 변호사와 성급히 다시 통화하는 건 적절하지 않다고 생각했다. 아직 제이는 어떻게 대답할지조차 결정하지 못하고 있었다.

아이는 기본적인 건강 상태가 위태로웠고, 업무의 효율성만 따지기는 어려웠으며, 회사의 수익도 내려갈 게 분명했다. 제이는 모든 측면을 고려해야만 했다. 이게 바로 소크라테스의 문제해결법에서 첫 번째로 할 일인 '속도를 늦추고 생각하기'다.

소크라테스 성공법칙 풀가동

소크라테스의 문제해결법에서 생각, 대화, 창조 과정은 꼬리에 꼬리를 물고 반복하는 3단계 과정이다. 이 각각의 요소들은 서로 긴밀하게 의존한다. 한 번에 끝나는 사고방식과는 완전히 다르다. 효율적인 업무환경은 누군가 단 한 번 능동적으로 탐구한다고 해서 이루어지지 않는다. 대신, 개인이나 팀이 생각, 대화, 창조하기를 반복적으로 활용해 다양한 상황이나 각본에 대입하고 복잡한 문제를 해결해 나갈 때 효율적인 환경이 된다.

우리는 생각하고, 대화하고, 창조하고 다시 돌아와 더 생각하고, 더 이야기하며, 결과물을 더 창의적이고 정교하게 만들어야 한다. 이 전체 과정을 활용해 퍼즐의 첫 단계를 맞추고, 두 번째, 세 번째 단계를 맞출 때 다시 반복해야 한다.

하지만 제이의 책상에 다친 소년의 문서가 도착했을 때처럼 새로운 문제가 들이닥치면 일단 멈추고 생각하는 게 중요하다. 우리가 스스로 속도를 늦추지 않으면 혼잡한 삶과 정신없는 업무 속에서 이 방법론을 떠올리기 어렵다. 반드시 일을 멈춰야 한다. 그리고 나는 아직 모든 상황을 파악하지 못했음을 깨달은 다음, 대안이 될 방법들을 적극적으로 모색해야 한다.

이렇게 침착하고, 유연하고, 자기반성적인 마음가짐이 소크라테스의 문제해결법에서 기본이다. 충동적이고, 근시안적인 판단을 피할 수 있다. 심호흡을 의식적으로 여러 번 반복하거나, 산책으로 머리를 맑게 하며 시작해보자. 아니면 업무 중에 겪는 익숙한 스트레스의 파도를 잠시 막아주는 다양한 방법들을 찾아보자.

• 1단계 : 생각

속도를 늦추고 생각하기는 다음 단계인 대화의 기본 전제조건
이다. 이 단계에서는 틀에 박힌 판단을 피하고 다양한 대답을
생각할 수 있는 '개방형 질문'이 필요하다. 양질의 개방형 질문
은 대화를 끊이지 않게 만든다.

폐쇄형 질문은 '예, 아니요'로 대답을 강요해 분석적인 대화와
학습을 지연시킨다. 반면에 개방형 질문은 자연스러운 대답과
상호 간의 학습을 끌어낸다. 개방형 질문에 뿌리를 두고 대화
를 조성해 나가는 능동적 탐구는 브레인스토밍과 혁신에도 강
력한 소재를 준다.

이제 제이가 어떻게 해냈는지 상세하게 알아보고, 나아가 능
동적 탐구가 무엇이고 어떻게 해야 하는지 자세히 살펴보자.

• 2단계 : 대화

백지상태와 같은 열린 마음으로 대화 단계에 접근해야 생산적
이고 영감을 주는 이야기를 그려나갈 수 있다. 이 과정에는 자
제력뿐 아니라 자기수양적인 태도가 필요하다. 이 과정은 근거
를 중시하는 과학과 유사한 형태라고 할 수 있다.

통계학자들은 조사 연구를 착수할 때 변수 간 차이가 나지 않
는다고 보는 귀무가설(진실일 확률이 극히 낮다는 가설)부터
연구를 시작한다. 이 법칙은 공정하고 다양한 관점을 제공한

다. 눈을 가린 채 어느 한쪽으로 치우치지 않은 저울을 흔들림 없이 들고 있는 정의의 여신을 떠올려보자.

대화 단계에서 우리는 실증 과학자나 법정의 재판장처럼 편견 없이 작업을 시작해야 하며 가능한 한 틀에 박힌 생각을 피해야 한다.

제이처럼 기본 원칙부터 시작해 서로를 존중하고, 업무상 역할도 충실히 수행하면서 이 원칙들을 잘 조화시킬 수 있는 가능성을 남겨둬야 한다.

• 3단계 : 창조

우리가 속도를 늦추고 생각하고, 주변 사람들과 열린 마음으로 대화를 하면, 세 번째 단계인 창조에 접어들 수 있다. 성가신 문제를 참신하게 해결해주는 새롭고 참된 무언가가 여기서 생겨난다. 제품이나 서비스, 마케팅 전략일 수도 있고, 세상을 놀랍고 긍정적인 방향으로 이끌어줄 완전히 새로운 조직일 수도 있다.

제이의 사례에서는 불행한 10살 소년과 그 가족이 장래에 필요한 재원을 갖게 해줄 원만한 합의와 계획이다.

제이는 생각, 대화, 창조 과정을 사용해 소년에게 도덕적인 책임을 다하면서 회사의 재정과 품위, 평판까지 모두 지키는 결과를 만들어 내야 한다.

모두에게 이로운 해결책을 찾기까지

다른 직원들과 마찬가지로 제이에게는 항상 많은 업무가 쌓여 있었다. 여러 일을 동시에 해야 하므로 복잡한 한 가지 일에 꾸준히 집중할 여력이 없었다. 하지만 곤경에 처한 소년에게 마음이 사로잡힌 제이는 여러 혼잡한 업무를 떨쳐내고 늦은 저녁까지 그 일에만 집중했다.

먼저 상황에 맞고 자신을 성찰할 수 있는 질문들을 하기 시작했다. 다른 사람들과 대화를 나누며 이 질문들을 적극적으로 물어볼 생각이었다. 그날 제이는 조용한 시간을 이용해 자신의 딜레마를 신중하게 정리했다.

"어떻게 해야 회사의 수익에 대한 책임감, 다친 소년에 대한 연민, 나의 인간성까지 모두 지킬 수 있을까?"

제이가 이렇게 소용돌이치는 문제들을 한 문장으로 명확하게 정리하자, 다음 단계로 넘어갈 힘이 생겼다. 다른 사람들과 대화하며 다양한 관점의 의견과 해결책을 수집하고 자신의 감정도 대입해볼 차례다. 그는 먼저 집에서 아내와 아들들과 이야기를 나눴다. 제이는 자신이 처한 모든 상황을 설명하고 다양한 개방형 질문을 던졌다.

- 지금 나에게 올바른 행동은 무엇일까?
- 내가 가장 먼저 책임져야 할 일은 무엇일까?
- 당신이 나라면 어떻게 할까?

제이의 아들 중 애어른 같다는 소리를 자주 듣는 아이가 어깨를 으쓱하며 핵심을 짚었다. 제이는 완전히 수긍할 수밖에 없었다.

"보험회사는 사람이 다치면 돈을 주는 곳 아닌가요?"

단순한 공식 속에 있는 완벽한 논리였다. 이 말은 다친 소년이 정당하게 보상받는 게 먼저라고 느꼈던 직감을 온전히 따를 수 있도록 확신을 줬다. 모든 가족들을 동의한 것이 도움이 됐다.

제이는 상관에게 가기 전, 다른 관점의 이야기도 들어보기 위해 동료 손해사정사들과 이야기를 나눴다. 다행히 "청구인을 궁지에 몰아넣는 게 우리 일이야"라고 매정하게 말하는 사람은 없었다. 대신 모두가 항상 고민하는 것처럼 좋은 직원과 선량한 사람 사이의 경계에 초점을 두고 이야기했다. 그리고 이런 상황에서는 도덕성을 더 중요시해야 한다는 데 의견이 모였다. 단순히 올바르게 행동하기로 결심하자, 이리저리 재보는 복잡한 계산들이 사라졌다. 그리고 다음 단계의 질문이 생겼다.

"이 복잡한 문제에서 어떻게 정답을 찾을 수 있을까?"

헤밍웨이는 도덕성에 대해 '하고 나니 기분이 좋아지는 일'이라고 정의했다.

이제 제이는 모든 당사자, 특히 어린 소년에게 합당한 해결책을 창조할 마지막 단계를 밟을 준비가 됐다. 제이는 변호사에게 전화를 걸어 능동적 탐구 과정을 진행했다. 이때 먼저 예상하고 앞서 나가지 않았다. 대신 친근하게 인사를 나누고 물었다.

"아이가 장기적인 치료를 받아야 하는데,
무엇이 필요하다고 생각하세요?"

이 개방형 질문은 현재 상태에서 열린 대답을 유도했고, 제이가 소년의 상황과 변호사의 태도를 더 잘 파악할 수 있게 했다. 그리고 변호사에게서 다음 말을 이끌어냈다.

"좋은 질문이군요. 사실 그렇게 생각해본 적은 없습니다. 저는 고객 가족이 당장 지불해야 할 병원비를 받는 것에 집중하고 있었거든요."

제이의 개방형 질문은 대화의 방향을 단기적인 위급상황에 맞춰지지 않고 상황을 더 넓게 보도록 전환시켰다. 변호사의 생각과 호기심을 자극했다. 제이와 변호사 사이에 신뢰와 정직이 쌓이자, 예상하지 못한 일이 일어났다.

변호사는 자기 경력이 그리 길지 않으며 이번 소송이 지금까지 맡은 일 중 가장 큰 청구 건이라고 말했다. 또 이번 협상에서 25만 달러 이상을 받아낼 경우 자신이 금액의 3분의 1을 가져갈 것이며, 이는 자신의 단일 수임료 중 가장 많은 금액이라고 했다(그의 작년 총수입에 가깝다는 말도 덧붙였다). 변호사는 자신과 의뢰인 모두에게 많아 보이는 눈앞의 금액에 현혹돼 협상을 빨리 마무리하려고 했던 것이었다. 제이와 변호사는 소년이 더 나은 보상을 받는 데 합의했다. 제이가 물었다.

"의뢰인이 얼마나 받으면 적당할까요?"

"30만 달러는 어떤가요?"

변호사가 대답했다. 제이는 잠시 멈추고 생각했다. 새 제안에 합의하면 변호사는 10만 달러를, 소년은 20만 달러를 받게 된다. 제이는 침착하고 중립적인 태도로 다시 물었다.

"이번 협상에서 10만 달러를 벌면 기분이 어떠실 거 같으세요?"

변호사는 예상보다 훨씬 많은 금액이라 아주 기쁠 거라고 빠르게 대답했다. 모든 정보를 듣게 된 제이는 모든 이해당사자들이 만족할 만한 거부할 수 없는 제안을 했다.

"이러면 어떨까요? 우리 회사가 총 50만 달러의 보험금 중

45만 달러를 드리겠습니다. 단 변호사님의 수임료를 10만 달러로 제한하고, 아이에게 35만 달러를 주신다고 약속하셔야 합니다."

제이는 아이에게 35만 달러를 확보해주는 게 전체 50만 달러에서 변호사 수임료 3분의 1을 제외한 금액(33만 달러)보다 크다고 생각했다.

소크라테스의 문제해결법(생각, 대화, 창조)을 거치면서, 모든 당사자에게 실제로 최선인 혁신적인 해결책을 만들 수 있었다.

① 소년은 고통스러운 상황을 감안한 합당한 보험금을 받았다.
② 변호사는 처음 합의금보다 더 많은 수임료를 받았다.
③ 제이의 보험사는 법정으로 갔다면 지급해야 할 50만 달러에서 5만 달러를 아꼈다. (심지어 소송에 필요한 변호사 비용은 계산하지 않았다.)

모든 당사자에게 수치상으로 확실한 이득이었다. 나아가 자신의 윤리적 가치인 '하고 나니 기분이 좋아지는 일'에 딱 맞는 해결책을 찾아냈다. 또한, 보험사는 그들이 지향하는 지역사회에 봉사하고 사회적 책임을 다하는 기업이 되었다.

case 시대를 초월한 소크라테스의 문제해결법
: 개방형 질문을 하라

생각, 대화, 창조 과정은 다양한 관점을 종합하고 상황을 넓게 보는 것에 집중하기 때문에 모두에게 유리한 방향으로 결론이 난다. 그리고 원하던 바를 달성하면 장기간 유지된다.

상대방을 부수고 없애는 건 성공적인 협상이 아니다. 모든 당사자가 서로 존중하고 '적당히' 만족할 때 일이 훨씬 좋게 풀린다. 상대방은 우리의 고객이고, 사업 파트너이며, 이웃이고, 같은 시민이다. 우리가 사는 세상을 함께 만들어가는 사람들로 다시 마주치게 될 확률이 높다.

당신이 실용주의자라고 하더라도, 눈앞의 이익만 따지지 않고 올바르게 행동한다면 결국엔 더 나은 길로 가게 될 것이다.

그런 경우는 역사적으로도 많다. 1차 세계대전과 2차 세계대전 후의 모습을 장기적으로 비교해보면 상반되는 결과가 나타난다는 걸 알 수 있다.

1차 세계대전 때 200만 명에 가까운 사상자가 발생하고 국토 대부분이 파괴되었던 프랑스는, 1919년 베르사유 평화 회의에서 독일의 재무장을 엄격히 제한하고 가혹한 배상금을 요구하며 철저하게 복수했다. 이 제약들은 독일 경제를 망치고 지정학적 갈등을 촉발해 금세 2차 세계대전으로 이어졌다.

반면에, 2차 세계대전 후 미국은 패전국이 된 일본과 독일에 경제적 지원을 확대하고 국가의 재건을 다양한 방식으로 도왔다. 결국 1950년대 이후 많은 선진국이 눈부신 평화와 번영을 이룰 수 있었다.

이런 미래지향적 접근법이 성공하려면 개방형 질문에 기반을 둔 체계적인 대화가 진행되어야 한다. 국제 관계에서는 대개 외교술이라고 언급된다. 보험업계에서는 제이와 같은 협상 자세를 말한다. 지금이 어떤 세상이든지 이것은 정말 어려운 일이다. 철학자들이 수천 년 동안 해결하려고 노력한 과제이기도 하다.

생각, 대화, 창조 과정은 고대 그리스 특히 소크라테스에게서 영감을 얻었다. 소크라테스는 사람들을 정의, 아름다움, 진실 같은 광범위한 주제의 뜻깊은 대화에 끌어들인 철학자였다. 그의 질문은 사람들이 지레짐작하는 데 머물지 않고 깊게 통찰하고 복잡한 문제에 정면으로 맞서게 했다.

제이는 사무실의 소크라테스가 되었기에 좋은 질문과 탐구, 진실 추구, 선행을 모두 이뤄낼 수 있었다. 하지만 제이처럼 소크라테스가 되긴 힘들다.

우리는 모두 궁지에 몰리거나, 업무에 허우적대거나, 스트레스를 많이 받는 상황이 되면 뻔뻔하게도 학습을 기만하고, 탐구를 간과하는 함정에 빠진다. 그리고 우리가 존경하는 멘토조차 함정에서 예외일 수 없었다.

소크라테스의 질문은 거의 항상 개방형이었다. 하지만 간혹 상대가 정해진 답을 말하도록 의도된 질문을 던졌다.

예를 들면, 《에우튀프론(플라톤의 초기 대화편)》에서 소크라테스는 아버지가 일꾼 한 명을 살해했다고 고발하려는 젊은 아테네 남자와 대화를 나눈다. 이 대화는 경건함과 정의가 무엇으로 이루어지는지에 관한 개념적 탐구로 진행된다. 하지만 소크라테스는 에우튀프론이 자신의 아버지를 배신하려고 하자 처음에 깜짝 놀란다. 그는 토론이 시작될 때 에우튀프론의 세계관을 완전히 탐구하려 하지 않고, 자신이 경건하다고 미리 정한 결론을 설파하려 했다. 그는 에우튀프론에게 이렇게 유도 질문을 했다.

"자네는 아버지를 고발하는 불경한 짓이 두렵지 않은 건가?"

유도 질문은 재판에서 적대적인 목격자에게 사용하거나, 청문회에서 장황하게 떠드는 정치인에게 깔끔한 답변을 끌어낼 때 유용하다. 하지만 업무나 개인적인 대화의 맥락에서 쓰기엔 제약이 따르며 심지어 흐름을 끊기도 한다. 신뢰할 수 없고, 조작하려는 듯한 느낌도 자주 형성한다.

폐쇄형 질문에서는 의견이나 의도를 숨기고 대답할 수 있다. 그리고 모두가 이 잘못된 길로 향하는 유혹을 흔히 경험한다. 폐쇄형 질문은 그 명칭에서도 알 수 있듯이 타인으로부터의 학습을 제한한다. 열린 마음으로 듣고 대화하려면 계획적이고 신중하며 적극적인 태도가 중요하다.

"업무가 마음에 안 드나요?"라고 물으면 대답은 "예, 아니요"로 정해질 확률이 높다(대부분 눈을 피하거나 냉소적으로 웃으며 전자를 택한다).

하지만 적절한 의도를 가진 개방형 질문을 진실한 태도로 말하면 대화가 편안하게 진행되면서 사람들이 자유롭게 표현한다. 상대가 듣고 싶어 하는 걸 말하는 대신, 진심으로 이야기하는 분위기가 형성된다. 그러면 중요한 메시지나 고려할 가치가 있는 요점이 드러나기 시작한다.

"요즘 일하는 게 어떠세요?"

이런 개방형 질문은 대화 상대에게 더 솔직한 대답을 끌어낸다. 질문자는 강하고 자신감 있는 태도로 반발적이거나 심지어 공격적인 대답도 환영해야 한다. 이런 태도가 창조와 혁신, 놀라운 성공의 가능성을 열어준다.

*
**

소크라테스는 "확실한 건 내가 모른다는 사실이다"라는 유명한 말을 남겼다. 무지 속에는 놀라운 힘이 숨어 있다. 내가 알고 있는 세계가 제한적이라는 사실을 깨닫고 받아들일 때 지금까지 몰랐던 새로운 길을 스스로 배우고 탐사할 힘을 얻는다.

그러려면 내가 안다고 생각한 일, 지금까지의 경험, 그리고 나의 전문성까지 고려하지 않는 자기 인식과 자제력이 필요하다. 반드시 멈춰서 안다고 생각하는 모든 걸 의식적으로 비워야 한다.

무지와 불확실성을 받아들여야 한다. 반(反) 직관적인 태도를 취해야 한다. 무엇이 진실이고 효과를 낼지에 관한 급진적인 생각마저 즐겨야 한다.

이런 방식은 소크라테스와 아테네인들이 아고라에 모여 인간 실존의 신비를 쫓을 때와 마찬가지로 계략과 술수가 넘치는 현대의 피곤한 일터에도 똑같이 적용된다.

놀랍게도 소크라테스의 문제해결법은 시간, 장소 그리고 환경을 초월해서 효과가 있다.

case 능력 있지만 고집불통인 리더 릭의 고민
: 최고 전문가가 왜 그런 실수를 할까?

릭은 사모펀드 기업의 전문 경영인이었다. 그는 기술업계에서 임원으로 오래 경력을 쌓은 뒤 사모펀드 그룹에 고용됐다. 그리고 경기가 나쁠 때 몰락한 그룹의 계열사 중 하나를 부활시키는 임무를 맡았다. 우리가 그를 만났을 때, 그에게는 소크라테스의 '무지'를 알아야 한다는 지혜가 절실히 필요한 상황이었다.

릭은 첫 번째 임원 코칭 수업에서 기업의 성장에 관한 열정을 드러냈다. 하지만, 종종 자기 마음대로 행동하는 것이 문제였다.

늘 직원들에게 고함쳤고, 깊이 생각하는 시간을 갖지 못했으며, 자신이 항상 모든 답을 알고 있다고 생각했다. 그래서 팀회의를 크게 열어 앞으로 진행될 일을 혼자 떠들기로 유명했다. 피드백은 받지 않았고 대화도 하지 않았다. 단순히 앞으로 할 일만 지시했고, 다른 제안이나 대안을 제시하면 퉁명스럽고 불쾌한 태도로 안 되는 이유를 설명했다.

어쩌면 당연하게도 릭이 운영하는 그 회사는 몇 년 동안이나 실적이 좋지 못했다.

당시 사모펀드 그룹은 계열사에 개혁이 필요하다고 생각했

고, 거침없는 리더십을 가진 전문 경영인 릭을 고용했다고 한다. 릭은 타고난 노력파에 직원을 울게 만드는 비범한 솜씨가 합쳐져 야수적인 CEO 이미지를 갖고 있었다. 하지만 그런 성향 때문에 릭은 곤경에 처했다.

왜 능력 있는 경영인이
회사를 바로잡고자 할 때 애를 먹었을까?
(어뢰에 맞아 침몰하는 배처럼 빨리 가라앉고 있는 모양새였다.)

릭의 경우에는 너무 익숙해져 버린 사고방식에 문제가 있었다. 직원들은 변하는 고객층을 끌어들일 새롭고 혁신적인 상품을 개발하고 싶었지만, 릭은 새로운 아이디어를 제시할 때마다 방어적이고 짜증스러운 태도를 보였다.

그는 직원들이 창의적인 제안을 하면 들어보는 시늉도 하지 않고 나가라고 문을 가리켰다. 릭은 참신한 생각을 할 수 있는 사람은 자신뿐이라고 여겼다. 직원들은 릭을 부정적이고 짜증이 나는 인간으로 보게 됐고, 새로운 제안을 미루기 시작했다. 심지어 릭의 반응이 두려워 아이디어를 말하지 않는 직원들도 있었다.

릭이 가장 불안을 느낀 건, 사모펀드 그룹에서 온 감독관들도 실망하기 시작했다는 점이었다. 계열사의 성과는 기대에

못 미쳤다. 그리고 우리가 외부인으로서 들여다본 문제의 원인은 너무나 명확했다.

릭은 회사를 다니는 내내 멈춰서 자신을 돌아보는 시간이 거의 없었다. 무엇이 회사를 어렵게 만드는지도 이해하지 못했다. 릭은 직원들과 결정을 함께 만들어가는 능력이 부족했고, 시간이 지나며 그런 태도가 굳어졌다. 그리고 자신이 공격적이고 모든 걸 알고 있어서 정상의 자리에 올랐다고 생각했다.

중요한 사실은 릭이 정말 믿기 힘들 정도로 똑똑한 사람이라는 점이었다. 물론 직원들을 쥐고 흔들었지만, 시장의 트렌드를 분석할 때면 누구보다 뛰어난 능력을 발휘했다. 릭은 언제나 직감에 따랐다. 항상 맞는 건 아니었지만 반 이상 성공했고, 이는 그의 자신감 넘치는 기질과 어우러져 예전 직장에서 긍정적으로 작용했다.

하지만 이 재능들이 CEO로서는 나쁘게 드러났다. 릭은 말 그대로 생각, 대화, 창조와 정반대되는 인물이었다. 그에게는 새로운 방법이 필요했다.

릭의 문제를 소크라테스의 문제해결법 3단계로 짚어보자.

- **1단계 : 생각**

몇 개월간의 엄격한 임원 코칭 과정을 통해 릭은 긍정적인 자세로 직원의 의견을 듣기 시작했다. 사모펀드 그룹의 동료들과 관리인들은 새로운 아이디어를 다루는 릭의 능력이 점점 발전하는 모습을 봤다. 코칭 과정은 릭이 침착하고 깊이 생각하며 열린 마음을 갖게 하는 데 집중했다. 그는 마음에 스트레스가 쌓여 상대에게 독설을 날리고 싶을 때마다 깊게 숨을 쉬며 현재 순간에 집중하고 명상하는 방법을 배웠다.

- **2단계 : 대화**

릭은 직원들에게 할 개방형 질문도 연습했다.

"이 제안의 잠재적인 단점은 무엇인가?"

"고객들이 어떤 불만을 가질지 예측해보자면?"

"예상되는 재정적 이득과 연구 개발 비용을 비교하면 어떨까?"

"이 복잡한 제안에 필요한 인원은?"

진정한 학습의 과정에서 나온 질문이었다. 폐쇄형 질문이나 의도한 정답이 있는 유도 질문이 아니었다. 릭이 새로 발견한 겸손하고 열린 표현들은 근본적인 변화를 일으켰다.

직원과 관리자들은 릭의 변화가 아주 기뻤다. 사실 처음에는 팀원들도 이 변화를 비웃었다. 누군가 반대되는 생각을 말하면 릭의 눈에 불꽃이 튀는 게 보였기 때문이다. 그의 안에는 아직 예전의 릭이 있었다. 하지만 릭은 조금씩 꿋꿋하게 변화해나갔다. 덕분에 직원들은 생각보다 빠르게 새로운 아이디어를 릭에게 가지고 갈 수 있었다. 그리고 릭이 비난을 퍼붓는 대신 질문을 하게 되면서 회의도 기다려지는 시간이 되었다.

또한, 릭은 자신을 생각과 대화의 전문가로 만들었다. 자신을 업무의 걸림돌이나 반대론자가 아닌 신뢰할 만한 파트너로 생각하게 만들었다.

릭의 질문들이 핵심을 가리키자 직원들은 가치 있는 아이디어를 가려서 말하기 시작했다. 릭이 "아니요"라고 대답하는 일도 줄어들었다.

• 3단계 : 창조

대화가 이루어지면서 마지막 단계인 창조가 시작되었다. 그는 능동적 탐구 기술로 직원들이 함께 새로운 제품을 꼼꼼히 개선해나가도록 도왔다. 그리고 많은 신제품이 시장에 출시됐다.

능동적 탐구는 릭과 직원들 사이의 감정뿐 아니라 직장문화의 질을 향상시켰다.

더는 직원들이 기발한 아이디어를 말하는 것에 망설이지 않았고, 릭이 자신의 생각을 직원들의 목구멍에 밀어 넣는 일도 없어졌다. 대신 제품을 함께 개발하고 출시했다. 이것은 매출 상승에 직접적인 영향을 줬다.

우리는 여기서 소크라테스의 문제해결법이 자본주의 사회에서 어떻게 기업을 성장시키는 전략이 되는지 확인할 수 있다.

1년도 되지 않아 릭의 계열사는 매출이 오르기 시작했다. 새로운 희망을 발견한 릭은 자신의 예전 방식이 옳지 않다는 걸 인정했다. 갈구기 문화는 혁신의 아킬레스건이다. 릭은 긍정적인 작업 환경을 조성하자마자 창의성이 하늘로 치솟는 모습을 보고 무척 놀랐다. 이제 릭은 직원들과 함께 새로운 제품과 서비스를 개발하며 기업의 성장을 돕고 있다.

고대 철학자의 문제해결법이 현대에도 통하는 이유

소크라테스의 문제해결법이
업무상 문제뿐 아니라 삶의 문제도 해결하게 하려면?

최선의 방법은 인간의 고유한 능력이 인정받고 성장할 수 있는 환경을 의도해서 만드는 것이다. 제이와 릭의 성공사례에서 알 수 있듯이 생각, 대화, 창조는 우리가 나아갈 방향을 알려주는 로드맵이다. 다행히 이들 회사는 환경적으로 충분한 자유와 유동성 덕분에 이 방법론을 활용할 수 있었다. 하지만 모든 일터의 환경이 이렇게 좋지만은 않다.

일반적으로 사람들은 업무가 많고 스트레스로 가득하다. 속도를 늦추고 생각, 대화, 창조 과정을 떠올리기 힘든 환경에서 일한다. 대부분의 사람들은 빠르고 꾸준하게 목표치를 달성하라는 무리한 요구에 혹사당하고 부담을 느낀다. 제이처럼 자신을 성찰하고, 대화하고, 창조적인 생각을 하기 어렵다. 오히려 마음이 공포감과 위축, 패배감에 사로잡혀 있다. 그래서 지치고 성급해지며, 다른 사람을 비난하는 일도 잦아져 스스로 신뢰도와 영향력을 낮추게 된다. 바로 임원 코칭을 시작하기 전 릭의 모습이다.

애초에 릭은 최종 숫자에 의해 성공 여부가 결정되는 기업의 각박한 업무문화에서 길을 찾으려고 노력한 똑똑한 사람이었다. 그는 항상 부정적인 태도를 유지했는데, 실제로 이런 성향이 팀의 업무를 성공으로 이끌었다. 그리고 이런 방식으로 허우적댄 경영인이 릭뿐만이 아니었다.

*
**

사원부터 중간 관리자, 임원과 고위직에 이르기까지 다양한 계층의 사람들이 업무의 압박을 차곡차곡 쌓아간다. 나의 상관은 그 위의 상관과 기업의 임원, 외부 고객 혹은 담당자들이 목을 죄어오는 위태로운 상황에 짓눌려 있다. 기업의 리더가 느끼는 부정적인 감정은 전염성이 높아서 팀과 조직 전체에 퍼져나간다.

사람들은 서로 자주 노출되는 상황에 있으면 타인의 격한 감정 상태에 쉽게 반응하게 된다는 사회적 전염에 관한 연구가 있다.

매출 압박에 시달리는 대표나 임원들은 기업 전체에 분노와 공포를 퍼뜨려 때때로 사업을 망친다. 그렇게 업무환경이 점점 비인간화되면 사람들은 신뢰와 공감으로 소통하는 대신 통 안에 든 게처럼 자기 이익만 손에 움켜쥐려 한다. 성장하는 기업의 필수조건인 심리적 안정감이 생길 수 없는 환경이 된다.

반대로, 심리적 안정감이 있어서 침착하게 생각하고, 정중하게 대화하며, 근무하기 좋은 조직은 성과 면에서도 두각을 나타난다. 제이와 릭, 그리고 이들이 업무를 인간적으로 할 수 있게 충분한 여유를 준 기업들의 사례는 지금처럼 힘든 시기에 한 줄기 희망이 된다.

다음 장에서는 건강하고 심리적 안정감을 주는 일터가 어떻게 비인간적인 문화를 바꾸고, 능동적 탐구와 생각, 대화, 창조를 위한 비옥한 토양이 되는지 알아보자.

Socrates'
way of thinking

소크라테스의 문제해결법은 모든 순간에 도움이 된다.
이 과정을 완벽히 익힌다면 분명 당신 삶의 무기가 될 것이다.

첫 번째, 생각하기는 한발 물러서서 속도를 늦추며, 근시안적으로 내리는
충동적인 의사결정을 피하게 한다.

두 번째, 대화하기는 성급한 판단을 내려놓고, 선입견 없이 열린 자세로
질문하며 의견을 주고받게 한다.

세 번째, 창조하기는 새롭고 의미 있는 것을 화제의 중심에 놓고 기발한
해법으로 문제를 해결하게 한다.

Think Talk Create

2장

소크라테스의 문제해결법
'생각, 대화, 창조'

Building a Culture of Think Talk Create

"사악해지지 말자."
이건 구글의 사훈이다.
하지만 구글조차 이것을 실천하는 것이 힘들었다.

`case` 자산관리인의 업무상 고충
: 밤에 잠을 이루지 못하시나요?

몇 년 전, 우리는 뉴잉글랜드에 있는 자산관리회사의 연례 회의에 초청되어 워크숍을 진행했다. 이 회사는 최근 직원 설문조사에서 새로운 문제를 발견했는데, 그중 하나가 CEO의 관심을 끌었다.

보고서에 따르면, 직원들은 자신의 이야기가 반영되지 않는다고 느꼈고, 중요한 정보가 언제나 위로 전달되지 않는다고 생각했다. 그래서 CEO는 단체 연수시설에 우리를 초청했다. 그곳에는 모든 직급의 직원들이 상황을 어떻게 개선할지 토론하기 위해 모여 있었다.

그날 회사에서 빌린 장소는 얼어붙은 뉴잉글랜드의 도로 옆에 있었는데, 빛바랜 금빛 조명기구와 꽃무늬로 장식된 의자가 가득했다. 한마디로 시설이 아주 허접했다.

설상가상으로 결혼식이나 고등학교 졸업 무도회가 열릴 것만 같은 무대를 피해 테이블이 배치되어 있었고, 촌스러운 천이 장식돼 있었다. 옷깃에 카네이션을 달지 않으면 들어갈 수 없는 것 같았다. 아무튼 그 장소에 초청된 많은 경영 전문가들이 천과 꽃으로 장식된 접이식 테이블 위에 노트북 컴퓨터와 스프레드시트를 펼치고 앉았다.

그날 회의에서는 기업의 성과를 망치는 지나친 사내 경쟁의식에 관한 내용을 몇 시간째 얘기했다. 우리는 무엇이 문제인지 눈앞에 펼쳐진 상황을 통해 생생하게 확인할 수 있었다. 고위 경영진은 직원들과 대화하지 않고 일방적으로 말했다. 심지어 부서별로 구역을 나누어 앉아서 상황을 더 악화시켰다.

회계 담당자들이 한 테이블에 모여 앉고, 자산관리인들이 또 다른 테이블에, 사회복지사들이 그 옆 테이블에 모여 앉은 식이었다. 직원들의 실적과 삶의 질에 악영향을 끼치는 사내 경쟁의식 문제는 몇 시간의 회의에도 돌파구를 찾지 못했다. 사실 이 회의는 각 팀이 부서 중심의 사고방식으로 뭉쳐졌다는 문제의 실상만 더 분명하게 보여줄 뿐이었다.

우리는 신뢰와 심리적 안정감을 쌓기 위해 직원들에게 개방형 질문을 하면서 워크숍을 시작했다.

"최근 기업이 이룬 성과는 무엇인가요?"
"최근 몇 년 동안 문화가 어떻게 바뀌었나요?"

주로 이런 질문들이었다. 하지만 추운 뉴잉글랜드의 날씨가 청중들의 태도에 영향을 끼친 듯했다. 대답은 간결했고, 약간의 진척이라도 생기면 다시 얼음장 같은 분위기가 되어 처음부터 다시 언덕을 기어올라야 했다. 모든 대답이 회사의 스프레드시트나 작업목록을 읽는 것 같았다. 정해진 대본에서 벗어나 우리에게 진심을 보여주는 사람은 아무도 없었다.

우리는 직원들이 능동적 탐구에 동참하길 원했지만, 생각보다 더디게 진행되자 다른 전략을 시도했다. 그래서 잠시 멈추고, 시간이 빨리 흘러가길 바라며 초조하게 시계를 만지작거리고 있는 직원들을 향해 우리가 가장 좋아하는 질문 중 하나를 던졌다.

"무슨 일로 밤에 잠을 이루지 못하시나요?"

이 질문은 처음에는 사람들을 당황하게 했지만 효과가 좋았다. 금세 자신이 가진 공포와 희망, 즉 삶에서 가장 의미 있는 무언가를 떠올리게 했다. 순간, 모든 상황이 역전되는 것이 느껴졌다. 우리는 직원들이 부서별로 운영상의 문제를 따지는 좁은 시야에서 벗어나, 회사에 올 때 무엇을 가장 신경 쓰는지 깊이 생각해보길 바랐다.

우리는 지난 몇 년 동안 기업 행사를 다니며 이 질문을 해왔는데, 곧바로 대답하는 사람은 지금까지 딱 한 명밖에 없었다. 하지만 그 사람과 이야기를 더 해보니, 매일 밤 잠자리에 들기 전에 수면제를 먹고 눕는다는 사실을 알게 됐다. 이렇게 의학적인 이유를 제외하면, 청중들은 눈을 위나 아래로 향하며 생각에 잠겼다. 일시적으로 방 안이 고요해졌다. 사색을 유발한 것이다.

이번 청중들도 다르지 않았다. 잠깐의 침묵 뒤, 여러 테이블에서 예상할 수 있는 답변들이 나오기 시작했다. 모두 부서와 관련된 이야기였다. 회계 담당자들은 회사의 회계 소프트웨어 문제로 잠을 자지 못한다고 말했다. 자산관리인들은 많은 건물을 짓고 운영하기 위한 물류 문제로 잠이 오지 않는다고 했다. 변호사들은 모든 사안을 걱정했다. 우리가 회의실을 지나갈 때 테이블별로 절차적인 일이나, 계산적인 일, 0과 1 혹은 달러 기호로 이루어진 일 등을 이야기했다. 뒤쪽에 앉아 있던 헥터 오티스와 그 동료들의 테이블에 가기 전까지 모두 숫자에 관한 이야기들뿐이었다.

피클 단지 뚜껑을 열어주는 일

자산관리인으로 일하는 헥터는 동료들과 함께 이름표가 달린 파란 셔츠를 입고 뒤쪽 구석 테이블에 앉아 있었다. 이들의 모습은 빳빳한 흰 셔츠와 잘 다린 블라우스를 입고 숫자들을 능숙하게 다루는 옆 테이블의 동료들과 선명한 대조를 이뤘다. 이 관리인들은 자신이 속한 특정 사업장에서 몸으로 느끼며 일했다.

"무슨 일로 밤에 잠을 이루지 못하시나요?"

이 개방형 질문에 고위직 임원들과 전문가 직원들이 뻔한 답변을 늘어놓던 중 헥터가 일어서서 대답했고 회의실이 조용해졌다. 그의 대답은 다른 누구도 생각하지 못한 기업복지의 핵심인 공감, 신뢰, 그리고 집단가치를 완벽하게 함축하고 있었다.

헥터는 관리 업무상의 고통을 '상실'이라고 말했다. 관리인들은 자산관리 기업의 재산으로 등록된 모든 생활지원센터를 관리했다. 그리고 거주용 아파트의 조경과 외부 페인트칠뿐만 아니라 내부 유지까지 책임졌다. 전구를 교체하거나 쓰레기 배출구가 막힐 때마다 관리인들이 방문해 도와줬다.

거주민 중에는 홀로 사는 노인이 많아 이들을 반기는 사람이 많았다. 단지 돈을 받고 도와주는 직원이 아니라 친근한 동료이자 가족 같은 느낌이었다. 회의실에 있던 관리인 외에 모든 직원들은 헥터의 업무범위에 충격을 받았다.

헥터는 종종 아파트 관리 업무 외에 다른 일까지 부탁하는 90대 할머니 거주민의 이야기를 꺼냈다. 그들이 하는 가장 흔한 부탁은 꽉 닫힌 피클 단지 뚜껑을 열어달라는 것이었다. 시간이 흐르고 피클 단지를 여는 횟수가 늘어갈 때마다 식초와 소금, 물을 넘어 인간적인 관계와 우정이 생겨났다. 두 사람은 가족 이야기나 어젯밤 퀴즈프로그램에서 본 상식문제의 정답, 의사가 끊임없이 방문하는 다른 거주민의 안녕을 빌어주는 대화를 나눴다.

헥터는 일을 하며 자신이 이런 관계에 감정을 쏟게 되리라고는 전혀 생각하지 못했다. 그리고 피클 단지를 열어달라는 부탁을 더는 듣지 못하게 되자 큰 슬픔에 빠졌다.

같은 테이블에 앉은 관리인들은 모두 우정과 상실에 관한 비슷한 사연을 가지고 있었다. 이들 중 그 누구도 정량적이고 물류적인 문제로 고통받는다고 말하지 않았다. 모든 관리인은 거주민들과의 감정적 교류가 업무상 가장 중요한 면이라고 생각했다.

관리인들의 말이 끝나자, 다른 테이블에서도 이야기가 봇물처럼 터져나왔다. 모두 비슷하게 인간적으로 염려하는 점들을 공유했다. 그 뒤로는 인간성이 활기를 띠는 대화가 이어졌다. 참가자들은 직장에 있는 일련의 문제들에 관해 사려 깊게 토론하며 창조적인 해결책을 만들었다.

무슨 일이 일어나고 있는 건지 정확히 알 수는 없었지만, 회의실에 있는 모든 부서의 사람들이 한 번도 겪어보지 못한 일이라는 건 분명했다. 직원들은 헥터와 다른 관리인들의 이야기를 듣고 그들이 전혀 생각해보지 않았던 회사의 일면에 눈뜨게 해준 것에 대해 감사했다.

한번 이야기가 시작되자, 모든 사람이 부서별 경쟁심을 넘어 말하기 시작했다. 자산관리인들과 사회복지사들이 외부 규제기관에 전달해야 할 중요한 정보를 빨리 주지 않는다며 불만을 품고 있던 법무팀은 그들이 늦을 수밖에 없었던 이유를 알게 됐다.

다른 팀 직원들이 게으르거나 신경 쓰지 않는다고 생각하고 있었는데, 퇴사와 출산 휴가를 연달아 겪으며 일손이 부족했다는 사실을 알게 됐다. 그리고 여러 부서에서 변호사들에게 언제 어떤 정보가 필요하고, 어떤 정보는 조금 천천히 줘도 되는지 가려내기 시작했다.

그 후 몇 달이 흘렀다. 회사의 임원과 직원들은 이 프로그램에 직접적인 영향을 받아 협동성, 삶의 질, 특히 생산성이 많이 향상됐다고 전했다. 세미나 이후 회사가 취한 조치 중 하나는 슬픔 상담사를 고용해 관리인들이 고객, 즉 친구를 잃으면 상담을 받을 수 있도록 한 일이었다.

이 기업은 능동적 탐구와 정서적 교류를 통해 심오한 진실을 발견했다. 세미나 참가자들과 후속 면담을 해보니 일터에 더 큰 심리적 안정감, 열린 토론 문화와 함께 생각, 대화, 창조 과정이 단단히 뿌리내린 듯 보였다. 생산성 향상은 우연이 아니었다.

우리가 일하는 모든 조직에는 이런 인간적인, 수치화할 수 없는 걱정거리들이 실제로 있다. 사람들은 표면적으로는 효율과 생산에 집중해야 하는 직장문화에서조차 여러 가지 이유로 관계를 맺고 싶어 한다. 또 자신도 모르거나 불필요한 관계가 생겨나기도 한다.

이 자산관리 회사는 한 관리인의 감정 공유를 통해 조직의 성과에 가장 강력한 원동력을 우연히 발견했다. 그날 회의실에서 헥터가 높은 직위의 사람들에게 심리적 안정감을 주는 환경을 조성하는 법을 알려준 덕분이다.

case 구글이 철학을 이용하는 법

: 최고 성과를 내는 팀은 무엇이 다른가?

구글의 아리스토텔레스 프로젝트는 '전체는 부분의 합보다 위대하다'는 유명한 개념을 기리고자 철학자의 이름이 붙여졌다.

즉, 뇌와 발, 손과 심장은 모두 훌륭한 해부학적 구조지만 합쳐야만 한 명의 인간이 되고, 한 명의 인간은 신체 부위를 모두 합친 것보다 훌륭하다.

사업도 마찬가지다. 앞서 나온 자산관리 회사만 봐도 하나의 기업은 테이블에 따로 모여 앉은 각각의 부서들의 합 그 이상이다.

아리스토텔레스 프로젝트는 개인과 그들의 팀이 가능한 최고 수준의 성과를 내게 하는 '직원 성과 극대화'라는 문제에 대한 혁신을 가져왔다.

먼저 성과에는 다양한 의미가 있다. 일부에서 성과는 단순히 생산량으로 측정하기도 한다. 직원 1이 직원 2보다 부품을 두 배 생산했다는 방식이다. 하지만 생산라인이 아니라 다른 직무라면 성과는 계산하기 까다로워진다. 예를 들어, 헥터의 종합적인 성과는 어떻게 평가해야 할까?

구글은 성과의 개념을 '효율'로 바꾸고, 기업 경영진과 일련의 대화를 통해 팀에게 효율성이란 어떤 의미인지 생각했다. 경영진은 디지털 경제의 중심인 구글에서조차 한 직원이 다른 직원보다 코드를 더 많이 짠다고 해서 반드시 그 직원이 더 효율적이라고 할 수는 없다고 말했다. 코드를 너무 빠르게 작성하다 보면 버그가 많은 제품이 출시될 가능성이 생긴다. 어쩌면 상급 코드 작성자가 자기만 일에 집중할 수 있도록 적대적인 환경을 만들었을 수도 있다.

월리엄 뮤어가 무심코 길러낸 아주 공격적인 암탉처럼, 수치적으로 생산성이 가장 좋은 직원만 성장하는 기업에 필요한 건 아니다. 사람도 암탉과 마찬가지로, 누가 잘하고 있는지 평가할 때 먼저 팀 전체의 특성을 고려하는 게 중요하다.

인디애나 존스가 성배를 찾듯이, 기업들은 직원의 성과와 생산성을 늘리기 위해 다양한 방법을 시도했다.

일부 사람들은 성과가 전적으로 보상에 달려 있다고 생각했다. 직원들이 금전적인 보상으로 우대받을 때 동기가 부여되고 좋은 성과를 낸다는 것이다. 어떤 사람들은 탁 트인 공간, 미적 감각이 뛰어난 가구, 새로운 색감으로 사무실과 공동 작업실의 디자인을 개선하면 성과를 올릴 수 있다고 믿었다.

또 다른 사람들은 할리우드의 캐스팅 방식처럼 세심한 조율이 좋은 성과를 낸다고 생각했다. 한 배우의 강점과 개성을 보완하기 위해 다른 개성을 지닌 배우를 맞물려 섭외하는 방식으로, 사무실이라는 무대에서 내향적인 사람들끼리 짝을 이루게 하거나 상급 관리자 옆에 장래에 관리자가 될 잠재력이 높은 직원을 두도록 했다.

또 어떤 사람들은 급여와 보너스에 추가로 무제한 휴가, 사내 보육시설, 점심값 보조 같은 혜택과 서비스가 직원들을 독려할 수 있다고 생각했다.

간혹 오직 효율적인 리더십만이 성과에 영향을 준다고 말하는 소수 의견도 있었다. 나폴레옹이 있었기에 그의 부대가 승리할 수 있었고 전장에서의 (일시적인) 행운조차 그의 비범한 능력에서 비롯됐다고 믿었다.

이렇게 일반적으로 통용되는 개념들이 아주 많다. 하지만 아리스토텔레스 프로젝트를 진행한 한 연구자의 말을 빌리자면, 기존의 모든 가설은 "완전히 틀렸다."

*
**

구글의 연구자들이 데이터를 모으려면 수치화된 혹은 수치화할 수 있는 결과가 필요했다. 연구자들은 고위직에서만 집중적으로 자료를 수집하지 않고 3개의 주요 직급에 골고루 피드백을 요청했다. 경영진(최고위)의 리더십은 매출액과 제품 출시

두 가지로 평가해서 가치가 높은 핵심 통찰력을 수치화했다. 종종 개별 기여자로도 일컬어지는 일반직 직원들은 문화를 가장 중요하게 생각했다. 스펙트럼의 가운데 쪽에 자리잡고 있는 중간 관리자들은 이렇게 말했다.

"청사진과 개인의 관심사를 모두 아우르는
주인의식, 비전, 목표가 가장 중요한 요소다."

구글의 연구자들은 조직 전체를 아우르는 직원들과 함께하며 효율의 진짜 의미에 관해 확실한 답을 찾고자 했다. 50년 이상의 조직 데이터를 연구해서 팀 효율성을 높이는 방법을 분석했다.

그리고, 세계 경영진 네트워크와 115개의 엔지니어링 팀, 65개의 영업조직(총 180개 팀)에서 연간 성과에 관한 만족도가 다르게 나타났다는 사실을 발견했다. 즉, 모든 조직에는 다른 팀보다 나은 팀이 있었다는 이야기였다.

연구자들은 조직의 성공 비결에 잠재적으로 빠진 요소를 알아내기 위해, 성과를 초과 달성한 사람과 함께 미달자까지 포함시켰다. 나쁜 팀에는 없지만 좋은 팀에는 있는 요소를 보려고 했다. 대체로 구글의 고위 경영자들은 같은 생각을 가지고 있었다.

"최고의 인원을 조합해야 최고의 팀이 된다."

할리우드식 배우 섭외와 비슷한 관점이었다.

경영자들은 이런 접근법을 자주 사용했을 뿐 아니라 정성적인(성질이나 상황) 생각도 비슷했다. 팀원들이 업무 외적으로 친하면 성과가 오르고, 복장 규정을 완화하면 오래된 사무실의 딱딱한 분위기를 풀어준다고 생각했다. 사원 복지는 직급에 상관이 없이 제공했는데, 구글은 하청업체 직원에게도 건강보험과 유급 출산 휴가를 보장했다.

아리스토텔레스 프로젝트는 이렇게 최고의 팀은 최고의 인원들로 구성되며, 급여 외에도 뭔가 혜택을 받고 있을 거라는 일반적인 가설을 바탕으로 실험을 시작했다. 그리고 정말 그런지 실험으로 확인했다.

팀장들과 수백 번의 면담을 진행했고, 일과 삶의 균형 및 직원 참여와 관련된 250개 이상의 문항을 내부에서 조사해 데이터를 분석했다.

얼마 지나지 않아 구글은 수많은 분석 모델을 적용했고, 직원의 성과와 연관된 중요한 요소들을 찾아냈다.

찾아낸 요소들은 다음 세 가지 기준을 충족하는 것이다.

① 정성적이고 정량적인 다중 결과 지표다.

② 기업 전반에 다양한 종류의 팀에서 표면화 된다.

③ 일관되고 강력한 통계적 신뢰가 있다.

아리스토텔레스 프로젝트는 이 통계 모델들을 면밀하게 분석하고 회의한 뒤, 어떤 특정 요소가 팀의 효율성에 기여했는지 구체화했다. 특정 팀이 다른 팀보다 더 좋은 성과를 내게 만든 요소를 찾아낸 것이다.

연구자들은 성과를 만드는 조연 네 가지와 하나의 주연을 찾아냈다. 조연 역할을 한 건 이미 잘 알려지고 유명한 네 가지 감정이었다. 바로 신뢰성(의존성), 명료/체계, 의미, 영향이다. 매일 사적인 영역과 공적인 영역에서 사용되는 단어들이었다.

구글 직원들에게 신뢰성이란 부모와 자식 사이처럼 믿을 만하고 책임을 다해야 한다는 걸 의미했다. 명료와 체계의 개념은, 팀의 목표와 책임을 잘 규정하고 이해하고 있어야 한다는 것을 뜻했다. 의미는 중요성과 비슷한 뜻이었고, 영향은 직원들의 눈으로 본 업무의 실제 중요성을 의미했다.

하지만 주연 역할을 하며, 조직의 성과와 가장 밀접한 요소지만 전혀 주목받지 못하는 것이 있었다. 학계 외부에는 잘 알려지지 않은 개념인 '심리적 안정감'이다. 〈뉴욕타임스〉는 이것을 다음과 같이 보도했다.

"구글의 아리스토텔레스 프로젝트에서 찾아낸 비밀.
한 팀이 일할 때 가장 중요한 요소는
'심리적 안정감'으로 드러났다."

구글의 결과는 몇 년 전 〈하버드 비즈니스 리뷰〉에서 발행했던 논문들과도 일치했다.

"좋은 성과를 내는 팀은 우연의 결과로 만들어지지 않는다. ······ 구성원이 서로 신뢰하고, 팀의 정체성을 강하게 공유하며, 팀의 효율성에 자신감이 있기 때문에 월등한 수준의 참여, 협력, 공동 작업을 수행한다."

구글의 연구진은 정성적 영역과 정량적 영역을 절묘하게 공존시킨 놀라운 방법론을 활용했다. 보고서에는 이렇게 쓰여 있었다.

"정성적 평가는 결과 및 문화에 관한 미묘한 차이를 포착하는 데 도움이 됐지만, 주관성이 내재돼 있었다. 반대로 정량적인 측정은 팀에게 구체적인 방법들을 제시했지만, 상황을 고려하는 시야가 부족했다."

두 가지가 대립이 아닌 화합을 이뤄야만 팀이 효율적으로 운영될 수 있었다. '단단함'과 '부드러움'이 도처에 필연적으로 얽혀야 한다. 양자택일이 아닌 양립의 문제였다.

아리스토텔레스 프로젝트는 측정과 공식에 많이 의존했는데, 뜻밖에도 소크라테스의 문제해결법(생각, 대화, 창조)을 통해 알아낸 측정과 공식이었다.

구글의 연구진은 많은 팀을 찾아가 개방형 질문으로 조직 성과의 기본 요소들에 관한 정보를 수집했다. 기업의 팀들과 심리적으로 안전한 환경을 만들어 그 가치를 보여줬고, 이로써 아리스토텔레스 프로젝트가 성공할 수 있었다. 이렇게 도달한 결론은 연구진이 찾아낸 발견들로 증명되었다. 또한, 연구과정에서 사용한 방법들에 의해서도 증명됐다. 결론을 타당하게 입증하는 과정에서 생각, 대화, 창조를 필연적으로 사용했다.

심리적 안정감은 감각이나 감정으로 가장 잘 묘사되는데, 구글 직원들은 한 번도 생각해본 적 없는 영역이었다.

업무환경에서 심리적 안정감은 각각의 팀원이 두려워하거나 무시 당할 걱정 없이 주도적으로 아이디어와 영감을 공유하는 용기와 힘을 주는 인간관계의 평형작용을 말한다. '직원 참여'라는 용어를 처음 사용한 보스턴대학교의 학자 윌리엄 칸*William Kahn*은 1990년 심리적 안정감을 이렇게 정의했다.

"직원이 자신의 이미지, 지위, 경력에 부정적인 결과가 생길까 봐 두려워하지 않고 자신을 내세워 보여줄 수 있는 상태다."

심리적 안정감의 권위자인 하버드대학교 경영대학원의 교수 에이미 에드먼슨*Amy Edmondson*이 최근에 이 용어를 "사람들이 편하게 지내며 자신을 표현하는 분위기를 말한다"고 썼다. 이 개념적 틀은 구글이 찾은 결과에 완벽하게 맞아떨어진다.

"심리적 안정감이 높은 팀에서 팀원들은 팀원과 함께 있을 때 위험한 일도 할 수 있다고 느낀다. 팀원들은 질문을 하거나 새로운 아이디어를 내거나 실수를 저질러도 난처해지거나 처벌받지 않는다고 확신한다."

회의에서 말할 때 불편함을 느꼈거나, 상관이나 동료에게 핀잔을 듣거나 거절당할 게 두려워 자신의 아이디어를 말하지 못한 경험이 있을 것이다. 심리적으로 불안한 환경에선 창의성과 혁신성이 발휘되기 어렵다는 건 어쩌면 당연한 일이다.

미국 국립정신건강연구소의 연구자인 엘리자베스 네카 *Elizabeth Necka*에 따르면 심리적 안정감은 너무나 강력해서, 중독 환자들이 의료인들과 투명하고 믿을 수 있는 관계를 만들면 치료 결과가 좋아질 확률이 높다고 한다. 심지어 응급상황에서조차 효과를 나타냈다. 환자가 처음 보는 의료인에게 맡겨지더라도 자신이 겪고 있는 상황을 의사가 감정적으로 이해했다고 확신하면 상태가 호전될 가능성이 높았다. 그래서 심리적 안정감은 용어에 익숙하지 않은 사람에게 설명하기 까다롭다. 친절함처럼 한 가지에 한정할 수 없는 문화나 분위기, 느낌이다. 비난받을 두려움을 느끼거나 당황하지 않고 말할 수 있는 의지다.

신뢰의 힘을 연구하는 단체가 급증하며 심리적 안정감에 관한 연구도 저변이 넓어지고 있다.《트러스트 팩터: 신경경제학자가 알려주는 신뢰 경영의 비밀》의 저자 폴 잭*Paul Zak*은 일터에서의 신뢰가 경제적 성과와 밀접하게 연결되어 있다는 걸 증명했다. 잭은 출산 및 모유 수유와 관련된 신경전달물질인 옥시토신과 호르몬이 어떻게 인간과 포유류의 신뢰를 촉진하는지 설명하기 위해, 버논 스미스*Vernon Smith*(노벨 경제학상 수상자)가 고안한 실험을 활용했다. 실험은 다음과 같다.

실험 대상에게 일정 금액의 돈을 주고 낯선 사람에게 줄지, 아니면 그대로 가지고 있을지 결정하도록 했다. 낯선 사람에게 주면 그 돈은 3배로 늘어나고, 원래 돈의 주인에게 늘어난 금액의 일부를 줘야 한다. 얼마를 나누어줄지는 받은 사람이 결정할 수 있다.

결과는 어떻게 됐을까? 이때 실험 대상들은 인지하지 못하게 코에 스프레이로 옥시토신 혹은 플라시보를 투약한 상태였다. 옥시토신을 투약한 그룹은 낯선 사람이더라도 신뢰하는 모습을 많이 보였고, 돈을 줌으로써 수입도 증가했다.

기업들이 꾸준히 직원의 뇌를 옥시토신으로 세뇌할 수는 없지만, 구글의 아리스토텔레스 프로젝트처럼 정신적으로 안정감을 주는 환경을 만든다면 같은 종류의 긍정적인 결과를 낼 수 있다. 감정적으로 개방되면 옥시토신이 상승해 신뢰가 증가하고, 신뢰가 생기면 감정이 더 개방돼 더 많은 옥시토신과 신뢰가 쌓인다. 이렇게 생긴 긍정적인 피드백의 고리는 선순환 혹은 훌륭한 업무환경이라고 한다.

"사악해지지 말자."

구글의 사훈이다. 하지만 구글조차 이것을 실천하는 것이 힘들었다. 2015년 글래도어의 '가장 일하기 좋은 직장' 순위에서 구글은 영광의 1위 자리를 차지했다. 하지만 겨우 5년 뒤, 구글의 이름은 10위 밖으로 밀려났다. 몇 가지 사건이 있었기 때문이다.

2019년 구글은 회사에서 특정고객 및 협력업체에 내린 결정을 직원들이 비윤리적이라 반론을 제기하자, 해당되는 두 직원을 해고했다. 팀원들은 거리에 나가 그 결정에 항의했다. 직원들은 임원들이 내린 '폭력과 협박'이 인간성의 수호자라는 평가를 받아온 구글의 이미지를 손상했다고 말했다.

글래도어는 직원의 평가 외에도 보상, 혜택, 문화, 고위 경영진을 포함한 다양한 항목을 고려해 순위를 매긴다. 직원에게 협박한 일은 구글이 순위가 떨어진 중요한 이유 중 하나로 언급됐다.

한때 직원들에게 자기 생각을 공개적으로 말하도록 독려했던 신뢰의 문화가 '탄압'으로 바뀌었다. 직원들은 회사에 대해 불평했다.

"직원들이 임원들에게 질문할 수 있었던 전사적 정기 회의를 최근에 취소했다. 그리고 노조를 막는 컨설팅 회사와 일하기 시작했다."

최고의 성과는 심리적 안정감을 주는 환경에서 만들어진다는 연구를 발표한 구글조차 수익 위주의 사고방식이 스며들었다. 결국 모든 기업이 같은 일을 겪을 수 있다는 말이다.

기업들은 측정과 공식, 숫자와 프로젝트, 계산과 자료, 분석과 누적이 필요하다. 간단히 말해 사업에는 계산이 필요하다.

하지만 점점 복잡하고, 세계화되는 업무환경일수록 기업들은 직원들이 한발 물러서서 큰 그림을 볼 수 있게 도와줘야 한다. 우리는 의미 있는 대화를 나누고, 자료를 정보로 전환하고, 정보를 다시 지식으로 전환해서, 결국 지혜로 만들어야 효과적인 해결책을 만들 수 있다.

고대 그리스인은 이 건전한 판단과 기질, 습관을 바탕으로 한 실천적인 지혜를 프로네시스*phronesis*라 불렀다. 사업에는 당연히 계산이 필요하다. 하지만, 생각, 대화, 창조도 필요하다.

베스트셀러 작가 찰스 두히그*Charles Dubigg*는 〈뉴욕타임스〉에 이렇게 썼다.

"공감하는 대화는 차례를 지켜가며 말하는 것이 우선이다. 유대감을 형성하며 심리적 안정감을 주는 행동들 역시 암묵적인 규칙을 갖고 있다. 이런 인간적인 유대감은 일터뿐만 아니라 모든 곳에서 중요하다. 사실, 때로는 중요하다는 말로도 부족하다."

아리스토텔레스 프로젝트는 누구도 '비즈니스적인 표정'을 지으며 사무실에 들어서고 싶지 않다는 걸 일깨워줬다. 누구도 자신의 성격이나 마음을 집에 둔 채 출근하고 싶어하지 않았다.

우리가 '심리적 안정감'을 느끼고 완전히 일에 몰두하려면, 충분히 자유를 느껴야 한다. 때로는 비난받을까 걱정하지 않으면서 무언가를 나눌 수 있어야 한다. 나를 짜증 나게 만드는 동료와 깊은 대화를 나누려면 무엇 때문에 혼란하고 슬픈지 말할 수 있어야 한다. 효율성에만 집중할 수는 없다.

아침에 회사에 도착하자마자 엔지니어 팀과 협업하고, 마케팅 담당자에게 이메일을 보내고, 곧장 회의에 참석했지만, 내 말을 정말로 들은 사람이 있기는 한 건지 궁금해지기 마련이다. 우리는 단순한 노동 이상의 일을 하고 싶다.

헥터는 가치를 인정받고, 업무를 존중받으며, 꾸준히 자신의 중요성을 인정받았기 때문에 직급이 높은 사람들로 가득한 회의실에서도 밤에 잠을 못 이루는 이유를 솔직하게 말할 수 있었다. 심리적 안정감은 동일한 처우에서 시작된다. 헥터는 외주 계약직 직원이 아니라 사무직 동료들과 똑같은 고용 조건과 복지를 보장받는 팀의 일원이었다. 기회도 똑같이 받았다. 헥터와 다른 관리인들은 회사의 연례 회의에 초대돼 그들의 생각을 공유했다.

기업은 아이디어가 잘 자라나는 환경을 만들어줬고, 정량적 성공이 뒤따랐다. 관리 기술자부터 고위 경영진까지 모두가 큰 관심을 기울인 결과, 현재 회사의 모든 요양시설에 대기자가 생겨날 정도로 성공했다.

능동적 탐구는 단지 동료를 잘 대하는 방법일 뿐만 아니라 다른 팀원들의 직무, 동기, 참신한 아이디어를 이해하는 방법이다. 타인의 정신적 상태에 관한 정보는 공동의 목표를 달성하는 기본요소다.

존중과 심리적 안정감을 바탕으로 생각, 대화, 창조에 참여하게 되면, 타인의 진가를 알아보는 통찰력이 생겨 좋은 아이디어를 열린 마음으로 받아들인다. 또한, 다른 사람에게 그들의 말을 경청한다는 느낌을 줘서 팀을 더 끈끈하게 만든다.

Socrates'
way of thinking

"전체는 부분의 합보다 위대하다."

구글의 아리스토텔레스 프로젝트는 아리스토텔레스의 철학을 현대에 적용시킨 것이다.

이 프로젝트에서 찾아낸 비밀은 한 팀이 일하는 데 가장 중요한 요소가 '심리적 안정감'이라는 것이다.

신뢰가 깊어지는 경험을 통해 자신의 사고 과정을 더 공유하게 된다.

우리는 다시 한 번 소크라테스의 문제해결법(생각, 대화, 창조)이 진실을 드러내는 힘을 목격했다.

이 방법이 능숙해질수록 사무실의 분위기는 차분해진다.

대화할 때 화가 줄어들고 조화로워지며, 일터의 문화가 좋은 방향으로 바뀌어 간다.

Think Talk Create

3장

부족한 정보까지 찾아내는
'능동적 탐구'

Insufficient Evidence

지그문트 프로이트*Sigmund Freud*는
비언어적 표현에 주의를 기울이면
다른 사람에게 내재된 감정의 세계를 엿볼 수 있다고 말했다.
무의식은 완전히 숨길 수 없다.

지금까지 소크라테스의 문제해결법을 활용해 긍정적인 결과를 만든 사례들을 살펴봤다. 그런데 심리적인 안정감이 있는 일터를 만들기는 쉽지 않다. 불행하게도 대부분 직장들의 환경이 좋지 않다. 사람들은 종종 무정하게 숫자로 돌아가는 작업환경에 자신의 인간성을 맞추고 스스로 기계화되어 간다.

사람들은 아리스토텔레스 프로젝트가 정의한 이상과는 거리가 먼 일터에서 매일 몰려드는 업무에 고통받는다. 심지어 인간적인 판단을 내리면 무시당하고 수모를 겪기도 한다. 스트레스 받고 불편한 정도면 차라리 다행이다. 최악의 경우 나의 의견과 관점이 검열받지 않을까 걱정한다. 낮은 성과에 걱정하고, 일하면서 다른 의견과 수시로 마주하고, 심지어 자신의 이름이 도마 위에 오르지 않을까(해고 대상이 되지 않을까) 두려워한다.

직원들에게 수치와 분기별 이익 보고서, 표준 절차 규정, 알고리즘에 따라 행동하도록 강요하는 딱딱한 직장문화에는 스트레스와 번아웃이 넘쳐난다. 개인의 창조성과 책임감이 부족한 '집단 순응 사고'는 이런 기계화된 태도에서 자주 생겨난다. 현대 직장에서 많은 사람이 무기력해지고 의기소침해진다.

왜 그럴까? 19세기 산업혁명 이후 인류 문화의 큰 줄기가 과학기술 중심으로 진행되었기 때문이다. 과학적 사고가 남용되었고, 숫자의 바다와 엄격한 절차 속에 인간의 고유성이 사라졌다. 물론 과학기술은 우리의 지식수준과 삶의 질을 축복에 가까울 정도로 향상시켰다. 하지만 이 방식이 직장생활에도 지나치게 사용되면 축복은 빠르게 저주로 바뀌어 돌이킬 수 없게 된다.

인간의 경험과 복잡성, 가변성을 고려하면 행동과학(인간 및 집단 행동을 과학적으로 분석하는 학문)은 모순적이라는 의심이 든다. 과학기술이 아무리 인간을 깎고 잘라도, 생산성 지표나 소비습관, 그래프의 숫자나 예측 가능성의 크기로 줄이는 건 몹시 어려운 일이다.

인간은 현대 행동과학이 실험해온 모든 부분의 합 이상이다. 인간이 직장에서 하나의 부품이나 기능으로 전락하면, 회사의 수익성과 윤리적인 보험 합의, 환자의 치료 결과를 장기적인 안목으로 판단하는 데 어려움이 생긴다.

*
**

인도의 우화 중에 장님 여럿이 처음으로 코끼리를 만져보는 이야기가 있다. 코끼리의 코만 만져본 장님은 자기 경험에 빗대 코끼리를 코로 묘사했고, 엄니(앞니가 발달한 것)만 만진 장님은 엄니로 묘사했다. 또 다른 장님은 다리만, 또 다른 장님은 꼬리만 만졌다. 이 장님들은 전체 중 일부분만 만져보고 그 부분을 바탕으로 코끼리를 묘사했다.

이 이야기를 현대의 직장에 적용해보면, 애초에 코끼리의 일부가 아닌 거대한 몸을 다 만져보고 이해하는 게 가능하긴 할까?

과학기술이 군림하고 모든 것을 숫자로 측정하는 세상이다. 사람들은 업무에서 중요한 결정을 내릴 때 증거에 기초한 추론을 한다. 신중한 분석은 당연히 중요하며 논란의 여지가 없다. 컴퓨터 코드를 만들거나 수술을 하거나 연구실에서 실험을 하거나 중요한 투자를 결정할 때, 사람들은 정보나 자료

분석에 의지한다. 일을 다른 방식으로 진행하면 업무가 잘못 됐다고 생각한다.

한편으로, 수술을 하거나 로켓을 발사하거나 자동차의 안 티록 브레이크 장치를 설계할 때 자료가 부족하면 문제가 발 생한다. 전문가들이 철저하게 실험하고 다수의 대체품을 마련 하기 위해 애쓰는 이유다.

사실 인간관계도 이런 엄격한 접근법을 사용하지 않을 경 우, 타인을 크게 오해하고 경솔하게 판단하고 행동할 수 있다. 대화할 때 정보를 잘못 이해하거나 요점을 벗어나는 상황을 많이 겪기 때문이다. 그럼에도 우리는 과학자들이 정량적 정 보를 수집하는 것처럼 타인의 일상 정보를 철저하게 찾지 않 는다. 인간관계 역시 정보가 부족하면 기술 분야의 문제만큼 이나 위험한 상황이 일어나는데 말이다.

타인과 많은 시간을 어울리고 협력해야 하는 인간관계의 영역에서 증거에 기초한 접근이 필요하다. 하지만 사회생활에 서 건전하고 유용한 정보를 얻는 전략은 숙달되기가 어렵다. 사람들은 자주 방어적이고, 감추고, 에둘러 행동한다. 특히 감 정이 격해지거나 스트레스를 받으면 자신의 마음이 어떤 상태 인지 모르기 때문에 속마음을 털어놓지 않거나 의도적으로 감 추기도 한다.

따라서 차분하고 심리적 안정감을 느끼는 공간이 꼭 필요하다. 일단 이 공간이 마련되면 체계적인 소크라테스식 대화법으로 사람들의 진심을 알아내고 공통점을 찾아야 한다. 능동적 탐구가 나서야 할 순간이다.

사람들은 업무를 할 때 다양한 기술에 의존해 자료를 수집하고 활용해야 한다는 데 동의한다. 자신이 증거에 기초해 생각하지 않는다고 말하는 사람은 없다. 하지만 새로운 관점에 관한 호기심, 공감, 신뢰, 정서 지능을 활용하는 소통 기술과 능동적 탐구도 똑같이 증거에 기초한다는 사실은 잘 모른다. 과학자부터 의사, 경영인, 기술 근로자까지 모두 정보를 바탕으로 결정을 내린다. 하지만 정보를 활용하는 기술들도 심리적 안정감을 바탕으로 한 차분한 대화, 기본적인 존중과 정중함, 사려 깊게 듣기, 그리고 다른 대인관계 기술이 부족하면 제대로 실행할 수 없다.

능동적 탐구는 단지 상대의 비위를 맞추려고 감정에 호소하는 대화가 아니다. 중요한 정보를 수집하는 냉철한 인식이다. 부산한 일상을 잠시 멈추고 제대로 된 개방형 질문들을 하면 놀라운 일이 일어난다.

일터에서 사용할 만한 질문을 예로 들면 다음과 같다.

• 이 프로젝트의 비전은 무엇일까?
• 실행 과정에서 생길 위험 대비 이득은 뭐가 있을까?

- 다른 선행 업무들을 고려했을 때 일정이 어떻게 될까?
- 어느 정도까지 승인받을 수 있을까?

이 질문을 하면 효과적인 대화로 이어질 가능성이 높다. 가장 분명한(하지만 자주 간과되는) 건 우리가 타인으로부터 새로운 무언가를 배울 수 있다는 점이다. 기존의 지식과 가설들에 구조적인 의문이 생기고 생각이 완전히 뒤집힐 수도 있다.

구조적으로 잘 짜인 질문을 하고 타인의 대답을 유심히 듣다 보면 우리의 생각도 넓고 깊어진다. 수준 높은 능동적 탐구는 생각, 창의, 혁신, 그리고 성장으로 세분화된다. 상대에게 무엇이 가장 중요한지 알아내고 가장 신중하고 생산적인 행동 방침을 정하게 된다.

최근 연구에 따르면 주제에 상관없이 타인이 대답하는 걸 듣기만 해도 창의성이 늘어나는데, 그 효과는 신뢰의 정도에 따라 다르다고 한다. 한 연구는 "단지 잘 듣는 행동만으로도 심리적 안정감을 주는 역할을 하며, 창의성에도 영향을 준다"는 걸 입증했다. 의료기술은 정량적으로 측정하는 증거에 기초한 학문이었다. 하지만 이렇게 과학기술이 중요한 분야에서조차 인간성은 중요하다.

다음 이야기는 수치 평가에만 의존할 경우에 재앙이 생길 수도 있다는 걸 경고한다.

case 라몬에게 일어난 숫자 살인
: 라몬과의 대화에서 무엇을 놓쳤을까?

젊은 부주방장인 라몬은 오랫동안 행복하지 않았다. 라몬은 친구나 가족들과 연을 끊어서 그들이 연락조차 하지 않았다. 그는 작은 식당 일에 매달렸고, 자신의 모든 힘을 쏟느라 오랫동안 즐겨온 성인 축구팀 활동도 그만뒀다. 라몬은 1년 넘게 별다른 취미활동도 없이 열심히 일만 했다.

라몬은 직장에 결근하기 시작하면서 자신의 건강에 이상이 생기고 있다는 걸 깨달았다. 그간 아파서 쉰 적이 없었는데, 이제는 일주일에 두세 번씩 쉬고 있다. 여자친구와 함께 있을 때조차 일어나기가 힘들었고, 그녀가 라몬을 침대에서 끌어내 샤워시키고 현관문 밖으로 내보내고는 했다.

하지만 여자친구는 라몬의 짜증과 불만을 견디지 못하고 결국 헤어졌다. 얼마 후부터는 라몬의 귀에 자신을 낙오자라고 조롱하는 소리까지 들리기 시작했다. 이 목소리들은 라몬에게 달리는 차에 뛰어들라고도 말한다.

학업문제로 골치를 썩이고, 당시 여자친구와도 헤어졌던 십 대 시절 이후 라몬은 죽고 싶다는 생각을 안 해본 적이 없었다. 이제는 강박적으로 자해까지 하고 있다. 그는 면도칼로 왼쪽 손목을 긋고 흘러나오는 피를 보며 고통과 동시에 안도감을 느꼈다. 하지만 손목을 더 깊게 긋는 대신 매부에게 메시지를 보냈고, 그는 라몬을 차에 싣고 응급실에 갔다.

고등학교 때 라몬은 우울증 치료제를 먹었지만, 졸업 후 요리학교에 진학하며 증세가 나아져 투약을 멈췄다. 이후 15년 동안 라몬은 안정적인 상태에서 제법 잘 생활했다. 친구도 많았고, 데이트도 많이 했으며, 다른 사람들과 잘 어울리며 살았다. 식당 일로 스트레스를 받았지만, 중요한 자리로 진급하며 급여도 상당히 늘어났다.

하지만 지금의 라몬은 절망적이고 병적인 생각에 빠져 있다. 얼마 뒤, 스스로 "왜 이렇게 살아야 할까?"라고 물었고, 더는 일상생활의 가치와 의미를 찾지 못한 채 오직 죽어야만 안식을 얻는다고 생각하기에 이르렀다.

*
**

일단 병원에 입원하자 친절하고 성실한 의료진이 라몬을 둘러싸고 정성껏 치료했다. 그는 부작용이 남을까 걱정하면서도 약물치료에 동의했다. 사실 남은 인생을 생각하면 불합리한 결정이라 느꼈지만, 의사가 권하는 시탈로프람*citalopram*이라는 항우울제 사용에 동의했다. 의사는 환청까지 듣는 라몬에게 아리피프라졸*aripiprazole*이라는 '비정형 항정신병 약물'도 처방했다. 환각을 줄이고 시탈로프람의 효과를 높이는 약이었다.

우울증 환자가 이 처방을 받고 호전되는 비율은 60~70퍼센트였다. 라몬도 증상이 놀라울 정도로 좋아졌다. 의료진에게 라몬의 병세 호전은 당연한 결과였다. 불완전하고 주관적인 의료인이 개인적인 판단을 내리는 게 아니라, 명확하게 정의된 과학적 수치에 따라 치료한 것이다.

정신과 의사들은 의학 연구나 일상 치료에서 환자가 우울한 정도를 수치 척도를 이용해 수량화한다. 이때 슬픈 정도나 죄책감, 체중 감소, 불면증, 무력감, 걱정, 불안, 자살 생각 등을 요소로 평가한다. 병원 치료는 17가지 항목으로 된 해밀턴 우울증 수치 척도*HAMD*의 수치를 낮춰 자살할 생각이나 실종될 계획을 없애는 게 목표다.

라몬은 처음 병원에 입원했을 때 수치가 32점으로 심각한 수준이었는데, 퇴원할 때는 7점으로 줄어들었다. 수치만 보면 그의 우울증 치료는 명백한 효과가 있었다. 객관적인 모든 척도를 봤을 때 치료로 목숨을 구했고 축하받을 일이었다.

단 한 가지 문제는, 라몬이 의료진에게 포옹과 하이파이브를 나누고 병원을 나선 지 72시간도 되지 않아 자살했다는 점이었다.

＊
＊ ＊

사람들은 많은 생각과 감정을 숨기기 때문에 한 사람을 자살하게 만든 정확한 이유를 되짚어내기는 어렵다. 돌이켜봤을 때, 라몬의 병적인 생각과 최근의 자해 행위가 수치보다 더 중요한 요인이었을 거라 짐작할 뿐이다. 정신의학 분야는 모든 것을 수치화하는 방법에 대해 신뢰성이 높다고 과대평가하고 있다.

라몬의 의료팀이 HAM-D 수치를 지나치게 신뢰한 것은 더닝 크루거 효과(1990년대 심리학자인 데이비드 더닝과 저스틴 크루거가 정의함)의 흔한 사례로, 과학기술을 보증된 범위보다 더 많이 신뢰하는 현상이다.

능동적 탐구는 모든 직업적이고, 사업적이고, 개인적인 교류의 시작 단계에 사용하는 것이 좋다. 이 자료수집 기술은 우리가 숫자뿐만 아니라 모든 증거를 활용해서 증거에 기초한 결정을 내리게 해주는 유일한 방법이다.

의학에는 이렇게 증거를 수집하는 잘 정립된 규칙이 있다. 많은 병원의 의료진들은 라몬처럼 충격적이고 예상 밖의 사례가 발생하면, 사망률 및 유병률(일정한 지역에서 나타나는 그 지역 인구에 대한 환자 수의 비율) 회의라고 하는 사후 분석 포럼을 진행한다. 자유로운 토론을 촉진하기 위해 이 회의에서 하는 말은

'상호 기밀 검토'로 진행되며, 법적인 처벌도 받지 않는다.

이 회의는 능동적 탐구가 업무에 잘 적용된 예다. 의사들이 서로 까다로운 질문을 하고 솔직하게 대답하도록 유도한다. 모든 게 기밀로 법적인 특혜까지 주어지는 절차이기 때문에 의사들은 자유롭게 전후를 생각하며 비판할 수 있다. 이것은 의료 품질 개선으로 이어진다. 인간을 보살피는 단체로서 검열되지 않은 진실을 편견 없이 탐구하는 것이다. 다만 의사들이 끔찍한 실수를 저지른 뒤에야 능동적 탐구를 진행한다는 건 비극이다.

라몬의 죽음 이후 진행된 회의에서는 능동적 탐구의 가치가 더 분명하게 드러났다. 의사들은 라몬의 치료 당시 능동적 탐구가 부족했던 것이 자살의 가장 중요한 이유라고 결론지었다.

- 라몬이 입원해서 몇 주 동안 의료진과 나눴던 대화에서 무엇이 빠졌을까?
- 어떻게 했어야 정확하고 중요한 정보를 모을 수 있었을까?
- 겉으로만 회복되었는데, 모두가 진짜라고 생각하게 만든 사각지대는 무엇인가?
- 라몬이 자신의 어두운 생각을 모두 말했는데, 왜 의료진은 회복됐다고 확신한 걸까?

사건의 전말을 밝혀줄 유서가 발견되지 않았고, 라몬의 심리상태와 결심 과정은 영원히 미스터리로 남게 됐다. 하지만 한 가지는 분명하다. 라몬의 관찰 가능한 증상의 감소와 HAM-D 수치의 변화는 그의 속내와 마지막 행동을 예측할 수 없었다. 의료진들은 불완전한 수치 측정법을 의료적 판단에 활용했고 모든 걸 놓치고 말았다. 전형적인 '숫자 살인'이었다.

수치로 나온 것처럼 항우울제가 라몬의 우울증을 완화했을 가능성이 있다. 하지만 항우울제는 종종 환자의 감정을 부추기기도 해 라몬의 절망감을 키워 삶을 끝내게 인도했을 수도 있다.

병원에 입원 당시 보인 그의 안도감과 대담함은 집으로 돌아가면 자살하겠다는 계획에서 비롯됐다는 추측도 가능하다. 그 결정이 확실해지자 더는 고통 받지 않게 됐고, 악마들에게서 벗어나 동굴 끝에서 한 줄기 빛을 봤을지도 모른다. 그래서 안도하고 웃으면서 친절한 병원 사람들과 마지막 순간을 즐겼을 수도 있다.

단기간 알고 지낸 의료진이 환자의 내적 갈등을 발견하지 못한 게 새삼스러운 일은 아니다. 겉으로 보이는 징후를 기반으로 환자의 임상적 상태를 파악하고 증상에 관해 면담하는 게 의사의 주된 일이다(여기에 맞춰 증거 중심 치료를 실시한다).

이게 연구 중심 및 정량적 시대에 정신건강 전문가들의 덕목이기도 하다.

전문적인 의료인을 위한 교육과정을 비롯한 훈련 프로그램에서도 대부분 이 기술을 구축하는 데 중점을 둔다. 개인 및 공공 의료보험도 오직 증거 중심 치료만 보장한다. 만약 의료인이 라몬과 같은 환자의 마음을 더 깊이 알아보기 위해 시간을 할애하고, 치료를 돕기 위해 알려지지 않은 새로운 접근법을 사용하면 보험 적용이 제한되기도 한다.

또한, 의료업계의 직원들은 대체로 공감능력이 뛰어난 사람들로 구성되었기에 스트레스와 번아웃을 더 많이 겪는 것도 사실이다. 그래서 개방형 대화로 침착하게 탐구하는 환경을 만들기가 쉽지 않다.

대부분의 정신건강 전문가들은 직관적이고 공감능력이 뛰어나며 사명감이 강하다. 경력을 쌓아 부자가 되거나 유명해지기보다는 병약한 사람들과 소중한 관계를 형성해 치료를 돕는다. 하지만 이상적이고 헌신적으로 일하는 사람에게도 한계점은 있다.

현대 의료시스템의 압박 속에서 의료인들이 최대한 빠르게 환자의 객관적인 정보를 수집하려는 건 어쩌면 당연한 일이다. 찾아낸 사안을 의료기록으로 남기는 건 규정상으로도 필요하고, 또 병원이 서비스에 대한 요금을 청구하는 데도 필요한 일이다. 다만 진실 없이 대충 '예, 아니요'로 대답할 수 있는 폐쇄형 질문을 많이 할 때 상황은 참담한 방향으로 흘러간다.

의료인   오늘은 안정이 되시나요?
라몬   네, 그럼요.
의료인   자살하고 싶은 마음은 없으시죠?
라몬   네, 사라졌어요.
의료인   지금 우리가 도와드릴 게 있나요?
라몬   없어요. 저는 이제 집에 가도 될 거 같아요.

라몬의 사건에서 교훈을 얻은 정신의학계는 자살 위기에 몰린 사람이나 벼랑 끝에 있다고 느끼는 사람들을 위한 다양한 치료법을 연구하고 있다.

**

2차 세계대전 이후 영국에서 설립된 비영리 기관 사마리탄즈는 개방형 질문으로 편견 없는 대화를 해야 된다는 움직임을 이끌고 있다. 1973년에는 미국에도 진출했다.

주 활동가는 모니카 디킨스*Monica Dickens*로, 빅토리아 시대의 잉글랜드에서 노동자의 역경을 그려낸 소설가 찰스 디킨스

*Charles Dickens*의 증손녀다. 디킨스는 1973년 보스턴의 퍼블릭 가든 옆에 우뚝 솟아있는 엘링턴 스트리트 교회에서 처음으로 미국 사마리탄즈를 설립했다.

1977년에는 케이프 코드에 사마리탄즈의 두 번째 지부를 열었다. 현재 미국 북동부 지역에서 활발히 활동하며 위기관리 서비스와 함께 공공 교육 프로그램도 제공한다. 또 자살로 사랑하는 사람을 잃은 사람들도 지원하고 있다.

사마리탄즈 방법론의 핵심에는 언제나 침착하고 공손한 대화가 있다. 사마리탄즈는 수십 년 동안 자살을 하려는 사람들이 전화를 걸어 자신이 처한 상황에 대해 다른 사람과 이야기하는 전화 서비스를 제공했다. 최근에는 문자서비스까지 시작해서 젊은 세대가 선호하는 소통도 하고 있다.

자원봉사자들은 전화를 건 사람과 서로 존중하는 열린 대화를 통해 삶을 스스로 끝내는 대신 해결책을 찾을 수 있도록 돕는다. 고강도로 훈련받은 숙련된 사마리탄즈 봉사자들은 단 몇 분 만에 라몬이 정신과 입원 당시 했으면 좋았을 능동적 탐구를 실행한다.

돌이켜 봤을 때,
라몬의 비극적인 죽음을 막을 수는 없었을까?

의료진은 현대적 기준에 따라 치료를 실행했다. 치료에 개방형 질문들을 많이 사용했다면 라몬이 더 버텼을지는 모른다. 하지만, 결과까지 바꿨으리라고는 단정할 수 없다. 그래도 그의 곁에 의료인 중 한 명이라도 앉아서 20분, 30분 정도 다양한 이야기를 나누어봤다면 어땠을까? 확인목록과 수치 측정에나 필요한 폐쇄형 질문을 피하고, 의미를 담아 깊은 대화를 나눴을 수도 있다.

- 앞으로 1년 혹은 5년 후 당신은 어떤 모습일까요?
- 지금 건강해졌는데, 하고 싶은 일이 있나요?
- 당신을 살고 싶게 하는 소중한 사람들은 누구인가요?
- 다시 절망을 느끼거나 자살하고 싶은 생각이 들면 누구에게 이야기할 건가요?

라몬의 치료를 맡은 주치의가 능동적 탐구를 철저하게 활용했다면 라몬의 호전된 HAM-D 수치와 다른 징후를 발견했을 수도 있다. 어쩌면 라몬에게서 의료진의 생각과는 다른 망설임이나 흔들리는 눈, 떨림 같은 다른 징후를 발견했을지도 모른다. 효과적인 질문을 던진 뒤 언어적, 비언어적 반응을 모두 주의깊게 살피는 건 훌륭한 치료의 핵심이다.

지그문트 프로이트*Sigmund Freud*는 비언어적 표현에 주의를 기울이면 다른 사람에게 내재된 감정의 세계를 엿볼 수 있다고 말했다. 무의식은 완전히 숨길 수 없다. 프로이트는 그것을 이렇게 썼다.

"입술이 조용하면 손끝으로 떠든다."
"사람의 모든 구멍에서 배신이 흘러나온다."

라몬의 의료진이 속도를 늦추고, 올바른 질문을 하고, 경청하고 관찰하는 능동적 탐구 과정을 진행했다면 근본적인 문제를 발견했을 것이다. 그러면 더 안전한 방법을 찾을 때까지 그의 퇴원을 늦추거나 다른 방식으로 대응했을 것이다.

case 위대한 신경학자가 놓친 것
: 면담은 어떠셨나요?

C. 밀러 피셔*C. Miller Fisher* 박사는 20세기 신경학의 대부다. 그는 일과성 뇌허혈 발작과 뇌졸중의 전조를 처음 발견하고, 관상동맥판이 종종 뇌졸중의 근원이 된다는 사실을 발견하는 등의 업적을 세웠으며, 임상 치료에 크게 기여했다.

하지만 이렇게 세계 최고의 최신 기술을 선도하는 실력자

조차 특정 개인의 주관적인 경험을 세세하게 파악하는 일에서는 실수를 하기도 한다. 그래서 다양한 관점의 자유롭고 열린 소통이 중요하다.

그는 90년대 초 매사추세츠 종합병원에 있는 자신의 이름을 딴 병동에서 매주 2시간씩 회의를 열었는데, 경의에 가득 찬 의대생들 앞에서 환자 한 명을 면담했다.

피셔의 이름을 딴 이 회의는 위대한 신경학자의 모습을 똑같이 그린 유화를 배경으로 진행됐다. 학생들은 의학 영웅이 자신의 앞에서 고결한 모습으로 있는 것이 신기했다. 피셔는 탁월한 업적만큼이나 친절했지만, 학생들은 참가자가 아니니 조용히 참관하라고 했다. 그래서 흰색 가운을 입은 어린 학생들이 넋 놓고 쳐다보거나 멍청한 질문을 하는 일은 없었다.

어느 날, 무관심, 무표정 그리고 자유 발화 혹은 사회적 관계 결여를 가진 무의지증을 앓는 중년 남성 환자가 참석했다. 그는 MRI로 뇌졸중이 확인됐는데, 뇌 구조의 깊은 곳을 병변으로 손상당하면 이 같은 증상이 나타날 수 있다. 이 남자는 피셔의 기본적인 질문에 한두 마디로 대답하는 것도 엄청 힘들어 했다.

피셔	당신은 오른손을 움직일 수 있나요?
환자	네. (주먹을 가볍게 쥐는 걸 천천히 보여줬다.)
피셔	병원에 언제 입원했는지 기억나세요?
환자	지난주.
피셔	아침으로 뭘 드셨나요?
환자	달걀.

그리고 극도의 정적이 이어졌다. 남자의 운동기능은 온전했다. 반사 망치의 반응도 예상대로 나왔다. 양쪽 팔과 다리를 가볍게 찌르는데 반응하는 걸 보면 감각기능도 온전했다.

하지만 그의 개인 및 사회적 유대감은 망가져 있었다. 방을 거의 둘러보지도 않았고, 주변에 일어나는 일에도 완전히 무관심했다. 무언가를 자세히 설명하기는커녕 사소한 대화도 하지 못했다. 회의실에서 2시간은 견디기 힘들었지만, 무의지증의 모든 증상이 나타났으니(무의지증에 효과가 없는 방법들도 드러났다) 피셔의 교육은 훌륭한 셈이었다.

하지만 잠시 후 피셔가 완전히 놓친, 지금까지도 미스터리로 남은 중요한 일이 발생한다. 학생들에게 질문과 참관을 허락했다면 정규 회의시간에 나타났을지도 모를 일이었다. 어쨌든, 섬세하게 조율된 회의가 끝난 직후 일어난 상황이라 피셔는 볼 기회가 전혀 없었다.

한 학생이 환자가 앉은 휠체어를 밀고 병상으로 향했다. 그런데 회의실을 빠져나온 그 학생이 잠깐 발을 멈추고 몸을 숙여 눈을 맞춘 뒤, 간단한 질문을 던졌다.

"면담은 어떠셨나요?"

뇌졸중으로 쓰러진 이 온순한 환자가 기대감에 차서 올려다봤다. 눈이 밝아지더니 점점 얼굴에 미소가 넘쳐흐를 정도로 피어올랐다. 잘 정립된 무의지증의 법칙에 저항이라도 하는 것 같았다. 이 남자에게 평소에 나타나던 병의 증세는 뇌졸중 아래 깊은 어딘가에서 왕성하게 흐르던 힘에 의해 중단됐다. 모든 MRI 판독과 정교하고 정량적인 측정 결과가 빗나가는 순간이었다.

비록 이 환자는 주변의 모든 상황에 완전히 무관심한 듯이 보였지만, 면담하는 동안 위대한 의사의 뒤로 보이는 벽에서 한 가지를 정확하게 인지했고 심지어 재미있어 했다. 한 학생의 정중한 개방형 질문에 그는 입을 열고 아주 즐거워하며 대답했다.

"피셔 박사님은 초상화와 정말 똑같이 생기셨어요!"

뉴턴의 물리학을 포괄하면서 동시에 초월하는 양자물리학은 우리가 어떤 현상을 측정하면 그 현상이 근본적으로 바뀐다고 말한다. 물리학자 베르너 하이젠베르크$^{Werner\ Heisenberg}$는 1927년 이 핵심 논리를 '불확정성 원리'라고 소개했다.

피셔 박사의 면담은 무의지증의 증상을 여실히 드러냈다. 하지만 무의지증의 증상을 공부하는 관찰자가 참관한 회의는 그 자체로 무의지증을 바꿔 버렸다.

피셔 역시 유화와 실물을 통해 환자에게 나타난 무의지증의 기본 성질을 바꿨는데, 뇌의 일부인 변연계가 변화하며 강한 감정을 유발한 것으로 보인다.

피셔는 무관심의 상징인 무의지증을 드러냄으로써 환자의 병력을 정반대로 바꾸어 놓았다. 전문가인 피셔는 환자가 뇌졸중으로 인해 무의지증을 앓는다는 사실을 잘 알고 있었고, 2시간의 회의에서 물어본 의학적인 질문은 대답이 모두 뻔할 수밖에 없었다. 피셔의 광범위한 지식이 만든 폐쇄적인 시각이었다.

하지만, 회의실을 벗어나 학생에게 맡겨졌을 때 "네" 혹은 "아니요"로 대답할 수 없는 개방형 질문이 나왔다. 이 학생의 단순한 공감형 질문이 종합병원에서 할 수 있는 그 어떤 최첨단 접근법보다 환자를 치료하는 데 큰 역할을 했다.

벼랑 끝에서의 대화

전문가가 환자를 치료하거나, 학생을 가르치거나, 직원을 관리하거나, 동네의 치안을 유지하거나, 전투에서 병사들을 이끄는 등 모든 활동에서 가장 중요한 점을 놓치기도 한다.

모든 개인은 아주 복잡한 특징을 가지고 있으며, 그에 따라 성공하거나 기여할 수 있는 잠재력이 있다는 점이다. 경험 과학과 정량적인 모델에만 의지하면 눈앞에 있는 기회를 깨닫지도 못한 채 놓치게 된다.

신경정신병학뿐 아니라 인간관계, 사업 협상, 군사 작전, 언론에서도 마찬가지다. 능동적 탐구는 체계적인 접근법으로 문제의 핵심을 찌르는 개방형 대화를 능숙하게 조성하는 방법을 제공한다. 이는 불완전한 증거를 바탕으로 가설을 만들고 미숙한 결론에 뛰어들어 쓸데없이 함정에 빠지는 일로부터 나와 타인을 보호한다.

만약 기자가 능동적 탐구를 놓치면, 다른 사람이 하는 말을 그대로 믿고 완전히 틀린 기사를 써서 언론사를 큰 소송에 휘말게 하고 본인은 해고되기도 한다. 좋은 언론사들이 진실을 확인하기 위해 다양한 정보원을 구하는 이유다.

영업사원은 고객이 쉽게 아니라고 대답하지 못하는 밀폐형 질문을 고안해 뛰어난 실적을 올리기도 한다. 하지만, 그 수법이 사실과 다르다는 느낌을 주면 잠재적인 고객들에게 의심을 받는다. 영업사원은 자신이 할 말은 다 했다고 확신한다. 하지만, 잠시 멈추고 고객의 생각과 느낌을 묻지 않았을 경우 거래는 성사되지 않는다.

행동경제학에 따르면 사람들은 이성적인 분석보다는 사회적, 감정적인 사안들을 바탕으로 결정을 내린다고 한다. "예"나 "아니요"로 대답하는 한정되는 질문들이 현실의 많은 부분을 놓치는 이유다.

피셔 박사의 면담도 같은 상황이었다. 전문가나 지위가 높은 사람들은 다른 사람의 말을 듣는 것에 관심이 없어서 종종 진단이나 치료를 잘못하게 된다. 생각, 대화, 창조의 바탕이 되는 능동적 탐구는 미루거나 흘러가는 대로 맡겨서는 안 된다. 미리 실천하지 않으면 잘못된 형태로 진행되거나 결론을 불완전하게 만든다.

이 장에 나온 의학 분야의 이야기들은 진단 혹은 치료 과정에서 능동적 탐구를 하지 않아 회복의 기회를 잃거나 최악의 경우 죽음에 이르게 된 사례들이다.

라몬과 무의지증 환자의 경우, 능동적 탐구가 핵심 역할을 너무 늦게 했다. 전자는 사후 회의에서 사용됐고, 후자는 전문가가 진행한 회의가 끝난 뒤 의대생이 건넨 간단하고 인간적인 질문이었다. 만약 능동적 탐구가 처음부터 체계적으로 활

용됐다면 이 사람들에게 어떤 차이가 생겨났을지 생각해봐야
한다.

다음 장에서는 능동적 탐구 혹은 그 결여가 경력, 사업, 지
역사회의 성공과 실패, 그리고 지구상 모든 생명체의 미래에
어떻게 중요한 결정 요인이 되는지 알아보자.

Socrates' way of thinking

개방형 질문은 "네" 혹은 "아니요"로 대답할 수 없다.

이것이 능동적 탐구의 핵심이다.

능동적 탐구는 상대의 비위를 맞추려 감정에 호소하는 대화가 아니다.

어떻게 해서든 합창을 한번 해보려는 시도도 아니다.

주요 정보 수집 수단의 중요성에 대한 냉철한 인식이다.

부산한 일상을 잠시 멈추고 진짜 학습에 집중하는 개방형 질문들을 하면 놀라운 일이 일어난다.

단순한 공감형 질문은 종합병원에서 할 수 있는 그 어떤 최첨단 접근법보다 환자를 치료하는 데 크게 공헌했다.

Think Talk Create

4장

일터와 일상에
'심리적 안정감'이 필요한 이유

Blinded by Being Right

아마존의 창업자 제프 베조스*Jeff Bezos*는
소셜 미디어를 '뉘앙스 파괴 기계'라고 말했다.
페이스북, 트위터는 능동적 탐구와 정반대이며,
개방형 대화가 자주 일어나는 전통적인 공간을 파괴한다.

많은 전문가의 분석적 추론과 과학적 노하우는 다른 능력을 희생한 대가로 발달한다. 이들의 기술적 세부사항에 관한 세심한 주의는 때때로 평범한 생각을 방해하기도 한다.

무의지증에 관한 피셔의 심오한 이해는 환자에게 감정표현 능력이 남아있다는 사실을 눈치채는 데 큰 걸림돌이 됐다. 나무를 보느라 숲을 보지 못한 상황이다. 뇌병변장애, 손상된 신경 연결통로, 그리고 병의 증상들에 칼같이 집중하다 보니 환경이 바뀌었을 때 나타난 환자의 예상 밖의 행동은 놓치고 말았다.

사회학자인 소스타인 베블런*Thorstein Veblen*은 1933년 이 현상을 '훈련된 무능'이라고 명명하며 '한 사람의 다양한 능력들이 그의 시야를 가리는 현상'이라 설명했다. 우리가 봤듯이 환자의 핵심 정보를 간과하는 결과로도 이어진다. 의사가 실력은 뛰어나더라도 공감 능력이나 인간적인 교류가 부족하면 회진을 돌 때 환자에게 또 다른 문제를 유발하게 된다.

훈련된 무능은 의료계뿐 아니라 실제로 다른 모든 분야의 전문가들을 괴롭히고 있다.

`case` 창업자 증후군에 빠진 브래드
: 왜 아무도 내 말을 듣지 않는 걸까?

소프트웨어 회사 창립자인 브래드는 1년 동안 허둥댄 끝에 업무에 큰 문제를 발견했다. 그래서 임원 코칭을 받으려고 했지만, 일정도 바쁘고 이래저래 약속을 못 잡고 있었다. 누구나 나를 반박하는 감정이나 이의제기는 피하려는 성향이 있는데, 특히 '너무 바쁠 때' 더 그렇다.

아무튼 브래드가 다시 연락했을 때는 너무 늦은 상태였다. 그는 세 명의 오랜 친구이자 동료들과 함께 창업한 회사에서 해고당했다. 어찌할 바를 모를 정도로 화가 났고 당황스러워했다. 처음 만났을 때 브래드는 불만과 분노가 가득 찬 모습이었다.

공동 창업자이자 첨단기술 분야에서 최고의 기술을 가진 사람이 왜 자신의 회사에서 쫓겨났을까?

이 소프트웨어 회사는 현재 75명 이상의 직원이 높은 수익을 내고 있으며, 대범한 쿠데타로 브래드를 몰아내며 더 확실하게 변화했다. 바닥에 나뒹굴게 된 브래드는 창피하고 수치스러웠다. 브래드가 문을 나설 때 다른 창업자 중 한 명은 그가 '창업자 증후군'에 빠졌다고 면전에 대놓고 말했다. 단지 자신이 처음 창업했다는 이유만으로 성장 중인 회사에서도 자기 마음대로 행동하려는 태도가 문제였다.

브래드는 퇴직금 중 일부를 업무 코치를 받는 데 사용했다. 그는 이미 일어난 상황을 이해했고, 앞으로는 이런 큰 실패를 겪지 않고 싶었다. 또 장래에 어떤 업무가 자신에게 어울릴지 알아보고 싶었다.

브래드는 업무 코치가 전 직장동료 6명과 면담하면서 그의 강점, 약점, 키워야 할 능력을 알아내는 360도 사후평가를 하는 것에 합의했다. 업무 코치는 능동적 탐구로 브래드의 전 동료들과 열린 마음으로 편견 없이 대화하면서 그들이 브래드를 어떻게 생각했고, 왜 회사를 떠나게 했는지 알아냈다. 여러 측면에서 의사들이 사용한 사망률 및 유병률 회의와 비슷했다.

인터뷰한 사람들의 피드백은 거의 똑같았다. 브래드는 뛰어났고, 열심히 일했으며, 집요했다. 또 자신과 회사에 최고의 기준을 적용했다. 정량적 추론 기술은 높은 평가를 받았고, 수학이나 기술 분야는 사내에서 따를 자가 없었다.

하지만 치명적인 단점이 있었다. 그는 누구의 말도 듣지 않았다. 위, 아래 그리고 조직 전반의 사람들과 이야기할 때 항상 대답을 이미 알고 있다는 듯이 행동했다. 말을 끊고, 눈을 돌리고, 어깨를 으쓱거리며 상대의 말을 전혀 듣지 않는 티를 팍팍 냈다. 브래드는 개인적으로 좋은 일이 있거나, 동료가 좋은 소식을 전하거나, 회의 중에 재치 있는 말을 들어도 전혀 웃지 않았다. 동료들이 좋아할 리가 없었다. 그는 재미없고, 딱딱하고, 심지어 무서운 사람이었다.

임원 코치는 솔직하고 단호한 방식으로 피드백을 전달하는 한편, 통찰력과 자기인식을 높이면 발전할 수 있다는 말로 자존심을 지켜줬다. 그리고 면담 결과에 인용된 동료들의 말을 브래드에게 전했는데, 일부는 충격적이었다. 한 동료는 이렇게 말했다.

"제가 말하는 내내 저를 깎아내리려고 했습니다. 제가 성공하는 걸 바라지 않았어요."

또 다른 성공한 동료이자 친구는 아주 신랄하게 말했다.

"브래드는 나를 똑똑한 비서쯤으로 생각했어요."

이어서 "그가 회사를 떠나고 나서 활력이 넘쳐요"라고도 이야기했다. 브래드는 들으면서도 믿기지 않았다. 그는 경멸적으로 반응한 뒤 점점 방어적이고 무시하는 태도를 보였다.

"사람들이 몰랐던 거죠. 난 그저 회사를 위해서 열심히 일한 것뿐이에요."

브래드의 괴팍함이 사람들에게 어떤 영향을 끼쳤는지 표현하는 자리는 이번 평가가 처음이었다. 하지만 그가 눈치채지 못한 인간관계의 불길한 단서들은 전에도 수없이 많았다. 브래드는 자신의 일정이 반영되지 않아 중요한 회의에서 제외된 걸 대수롭지 않게 생각했다.

그는 상황이 악화되는 중에도, 사람들이 자신을 적극적으로 피하는 이유를 생각해보지 않았다. 대신 이런 무시에 대해 화를 냈고, 더 독단적으로 행동했다. 브래드가 회의에 참석해서 자신의 프로젝트를 완수하기 위해 직원들이 해야 할 일을 큰 소리로 명령했을 때 직원들은 입을 꾹 다물고 있었다.

많은 사람들처럼, 브래드는 자신의 속도를 늦추고 사람들이 전하는 강한 언어적, 비언어적 메시지를 흡수하는 일을 아주 어려워했다. 동료들은 브래드와 함께 일할 때 얼마나 자존감과 자신감이 떨어지고 숨이 막히는지 그에게 솔직하게 말할 수 없었다. 그가 주변에 있을 때면 일터에 독가스가 뿌려진 것 같았다.

브래드는 아리스토텔레스 프로젝트가 팀의 성과를 위해 최선이라고 입증한 '심리적 안정감'을 주고 협력하는 업무환경과 정반대의 분위기를 만들고 있었다. 브래드는 자신의 훈련된 무능함에 아주 비싼 대가를 치러야 했는데, 결국 오랜 동료들에게 쫓겨나는 신세가 됐다. 이제, 상황을 개선하기 위해 그가 무엇을 해야 할까?

능동적 탐구가 결핍되면 생기는 문제

성인의 주의력 결핍 장애는 생물학적 조건에 따라 발생한다는 견해가 많다. 주의력 결핍 장애는 읽기나 특정 프로젝트를 완료하지 못할 정도로 집중력 유지에 어려움을 겪는 상태다. 어린 시절 더 흔하게 나타나지만 항상 그렇지는 않다.

주의력 조절 능력이 부족하면 계획, 추론, 문제해결, 결정, 인지 유연성 같은 주요 기능을 손상한다. 리탈린*Ritalin* 같은 약으로 치료가 가능하지만 순수하게 생물학적인 장애는 아니다. 병의 심각성은 대개 맡은 일의 성격이나 난이도, 사회 문화적인 기대에 따라 결정된다.

사회생활 및 업무에 방해가 되거나 개인이 문제가 되는 증상을 정신의학적으로 해결하고자 할 때 임상적 장애로 본다.

브래드는 업무 주의력을 오래 유지할 수 있으므로 주의력 결핍 장애로 진단할 만한 징후는 없었다. 하지만 그는 우리가 '능동적 탐구 결핍 장애'라고 임시로 명명한(공식 명칭과 정의는 아직 없다) 문제로 인해 심하게 고통받고 있었다.

개방형 질문, 배려하며 듣기, 힘 있는 대화에 기초한 능동적 탐구는 뇌에서 집행 기능을 촉진하는 전두엽의 가장 중요한 기능이다. 지혜, 사회 지능, 공감과 함께 인간관계 및 문제 해결에 관한 관점을 열어준다.

이건 브래드에게 없는 능력들이었다. 그는 공동작업이 개인의 기술력만큼이나 중요하고, 복합적으로 성장하는 기업에서 꼭 필요한 능력이라는 점을 깨닫지도 못하고 있었다.

언제나 바쁘고 일에 쫓겨서 생기는 스트레스가 자유로운 시간과 참된 대화를 가로막는다. 이 지치고 광분한 시대 속에서 능동적 탐구 결핍 장애는 우리 삶의 일부가 되었다.

임원들이 직원의 능력을 한계까지 끌어내리려고 밀어붙이면 오히려 업무성과가 줄어들고 번아웃이 오는 위험이 생긴다. 분기 손익계산서 같은 단기 수익에 집중하면 성장을 지속하기 위한 장기적인 계획의 안목을 잃게 된다.

부모들은 아이들이 하나의 수업을 마치면 다음 수업(어린이 스포츠, 춤 수업, 바이올린 교습, 언어 과외)에 연달아 보내고 있다. 실제로 무슨 생각과 감정을 느끼는지 속도를 늦추고 충분히 교감하지 않는다.

그리고 소셜 미디어에 나타나는 문제들도 있다. 소셜 미디어는 유저 친화적인 플랫폼으로 사람들이 신중하게 생각하기보다는 섣부른 의견을 쏟아내기 쉬운 구조다. 사용자가 서로 대면하지 않고 댓글을 주고받으면 괴롭히고 무시하는 일이 잦아진다. 꾸준히 소통하기보다는 기계적으로 대화하게 된다. 필터링 알고리즘은 근거가 있는 사실보다 자극적이고 유인하는 글을 좋아한다.

*

아마존의 창업자 제프 베조스*Jeff Bezos*는 2020년 의회 증언에서 소셜 미디어를 '뉘앙스 파괴 기계'라고 말했다.

사실, 페이스북, 트위터 등 소셜 미디어 플랫폼들은 능동적 탐구와 반대되는 분위기를 조성한다. 소셜 미디어는 가족과의 저녁 식사나 직장에서의 여유로운 점심 식사처럼 개방형 대화가 일어나는 전통적인 공간을 파괴한다. 디지털 효율성 시계가 똑딱거리면, 우리는 문제를 깊게 이해하려는 노력은 소홀히 하고 기한에만 쫓겨 일하게 된다.

마찬가지로 전자 미디어 시대의 정치인들은 짤막한 미사여구를 나르며, 포커스그룹과 여론조사에 영향을 주지 않는 안전한 위치에 서서 지나간 이야기만 떠든다. 실제 토론은 뜬구름 잡는 이야기뿐이며 절충안이 나오더라도 고결하신 신사와 숙녀분들의 생각대로 될 뿐이다.

- 능동적 탐구는 단순하게 묻고 듣는 과정인데, 왜 제대로 하기가 힘든 걸까?
- 타인에게 숨기는 의도와 편견이 없는 개방형 질문을 하는 게 정말로 어려울까?
- 상대의 대답을 듣고 여러 사람과 생산적인 대화를 하는 방법은 뭘까?

우리가 봤듯이 여기에는 엄청난 인내와 자제력이 필요하다. 브래드처럼 돌진하는 사람들에게 스스로 절제하고 잠시 물러서서 경청하는 일은 극도로 어렵다. 두뇌가 불교의 선과 같이 건강한 상태에서 침착하게 집중하는 게 능동적 탐구의 첫 번째 허들이다. 만약 뇌에 스트레스 호르몬이 넘치거나 신경전달물질이 불균형을 이루면 전두엽 기능이 저하되고 능동적 탐구는 사라지게 된다.

이번엔 전두엽 기능 장애의 가장 극단적인 형태를 알아보고, 브래드의 성향과 어떻게 다른지 생각해보자.

case 전두엽을 잃은 후 돌변한 게이지
: 왜 더러운 성격이 되었을까?

신경생물학 및 뇌 과학 연구에서 건강한 전두엽을 잃은 가장 대표적인 인물은 피니어스 게이지*Phineas Gage*다. 그는 원래 성실하고 유쾌하며 강직한 건설현장의 감독이었는데 기이한 사고로 완전히 다른 사람이 됐다.

1848년 9월 게이지는 인부들과 함께 버몬트 캐번디시 인근의 러틀랜드와 벌링턴 레일로드를 잇는 도로 건설 작업을 하고 있었다. 대부분 바위를 폭파하는 일이었다. 노두에 구멍을 뚫어 화약을 넣고 도화선을 연결한 다음, 화약이 채워진 구멍 위로 93센티미터 길이의 다짐 철을 사용해 모래나 점토를 메꿔 폭발력이 바위로 향하도록 했다.

하루가 끝날 무렵, 게이지는 다짐 철로 모래를 누르던 중 얼굴이 오른쪽 어깨 위로 향해서 입을 열고 이야기하는 중이었다. 바로 그 순간, 다짐 철이 바위에 부딪히며 불꽃이 화약에 닿았고 6킬로그램짜리 철 막대가 그의 위턱, 왼쪽 눈, 왼쪽 뇌, 그리고 두개골 위쪽을 통과한 뒤, 24미터를 날아가 땅에 떨어졌다. 뇌 조직 한 움큼도 함께 날아갔다.

게이지는 기적적으로 살아남았다. 이 엄청난 사고에도 뇌가 광범위하게 손상되지 않았다. 듣기, 말하기, 보기를 포함한 행동과 감각은 완벽하게 보존됐다. 다만 전두엽이 흔적도 없이 사라졌다.

게이지의 증상은 브래드가 직장에서 보인 현상을 극단적으로 드러냈다. 브래드는 전두엽이 해부학적으로 손상되지는 않았지만, 스트레스 호르몬에 절여져 뇌의 공포 중추에서 오는 신호에 빠르게 불타올랐다.

게이지는 뇌 부상 이후 성격이 완전히 다른 사람이 됐다. 보고 듣고 몸을 움직이는 건 문제가 없었지만, 화내고 욕하고 주정을 부리는 더러운 성격이 됐다. 더는 감정과 지성, 충동과 숙고 사이의 상호작용을 통제하지 못했다.

그가 이렇게 충동적으로 행동하게 되자, 예의범절을 중시하는 뉴잉글랜드 사회에서 일자리를 구할 수 없었고 버림받는 신세가 됐다. 1860년 사망한 그의 시신은 의학적 연구를 위해 기증되었다. 게이지의 두개골과 악명 높은 다짐 철은 하버드 의과대학교에 지금까지 전시돼 있다.

**

긴 진화의 기간 동안 점점 형태를 갖춰온 인간의 뇌는 생존을 위해 본능과 직감에 기초한 판단을 활용했다. 빠르고, 반사적이며, 무의식적이었다. 노벨상을 받은 경제학자인 대니얼 카너먼*Daniel Kahneman*은 이 사고를 '체계 1'로 명명했다. 아주 빠르고 반사적이라 에너지 소비도 매우 적다. 손이 난로에 닿았을 때 바로 떼는 행동으로 신중하게 득실을 따지는 행위가 아니다. 전두엽은 진화의 과정을 오랫동안 거치며 지금 크기로 성장했지만, 체계 1의 역할은 적거나 없다.

독사가 공격하고 있는데, 멈춰서 장기적인 결과나 공익을 위한 큰 그림을 생각할 필요는 없다. 오히려 정반대다. 빠르게 본능적으로 반응하지 않으면 화난 뱀을 마주한 결과가 아주 단기간에 나타난다. 물리면 죽는 것이다.

하지만 진화의 과정을 거치며 인간이 받는 위협과 도전은 정교하고 복잡해졌다. 과학기술이 발전하면서 안전을 제공하는 경우가 많아지긴 했다. 하지만 현대 사회의 인간관계는 상황이 더 복잡해졌다. (만성적인 스트레스의 강도도 높아졌다.)

이 복잡하고 장기적인 관계를 조율하기 위해 인간은 확실한 위협은 피하고 방어 동맹을 형성해야 했다. 이런 상황에서 체계 1의 사고방식, 아드레날린의 변화에만 따르는 투쟁/도피 반응은 다양한 대응법이 되지 못했다. 전두엽이 크게 진화한 이유는 공포 반응을 조절하고 만족감을 늦추는 한편, 사회에서 필요한 덕목인 타협(주고받기)을 성사하도록 주요 뇌의 기능을 통합했기 때문이다.

그럼에도 불구하고 원초적이며 전부가 아니면 전무를 택하는 뇌 구조와 무릎반사 반응은 그대로 유지했다. 대신 기본적인 뇌의 양식이 단순하게 향상됐는데, 기존 뇌에 새로운 뇌 구조가 추가됐다.

측두엽의 깊은 곳에 있는 아몬드 모양의 편도체는 원초적인 공포 반응을 하는 부분으로, 즉각적이고 무의식적인 판단과 빠른 반응을 일으킨다. 하지만 미세하거나 신중하게 반응하지 못한다.

사무실이나, 번화가의 식당, 가족의 식탁에서 위협의 신호를 감지하면 '편도체 납치'라는 압도적인 공포 반응을 촉발하기도 한다. 직장에서 브래드에게 날이면 날마다 일어났던 일이다. 편도체 납치는 다른 사람에게 폭언을 내뱉게 만들기도 한다. 더 심한 경우 타인을 공격하고 폭행하기도 한다. 창업자인 브래드가 회사를 모범적으로 운영하지 못하고 불행한 끝을 맺게 한 원인이 됐다.

반면, 느리고 신중하게 숙고하는 사고방식은 '체계 2'라고 불렸다. 능동적 탐구와 생각, 대화, 창조의 기회는 체계 2 안에서 살아난다. 하지만 체계 2는 상당한 에너지, 노력, 자기 수양, 집중력이 필요하다. 또 뇌와 혈관에 스트레스 호르몬과 투쟁/도피 신경전달 물질이 넘쳐나면 어떤 것도 실행하기 어려워진다.

체계 2의 과정은 에너지를 많이 잡아먹고 달성하기까지 어렵다. 브래드가 스트레스로 인해 사무실의 직원들을 쥐고 흔들 때는 뇌에서 감정을 담당하는 변연계 구조와 편도체에 영향을 받아 체계 1의 사고가 지배적인 역할을 한 것이다.

이제 그가 어떻게 꾸준히 노력해서 체계 2의 능력을 강화하고 공적인 삶과 사적인 삶을 개선했는지 알아보자.

*
**

변연계와 전두엽 그리고 인간성의 활발한 상호작용은 고대 그리스 철학자의 사상을 떠오르게 한다. 피니어스 게이지의 일화는 플라톤의 많은 담화 중 하나인 《파이드로스》와 대조를 이룬다. (플라톤은 소크라테스가 말로 한 가르침을 서면으로 세상에 알렸다.)

사랑에 관한 그의 담론 중에는 유명한 마차 우화가 있다. 인간의 영혼 혹은 정신을 3개의 주체로 묘사한 것이다. 참고로, 당시 그리스는 철학적 이상주의에 강하고 해부학이나 생리학에는 약했다.

이야기에서는 두 마리의 날개 달린 말이 마차를 끌고 간다. 한 마리는 필멸이며 한 마리는 불멸이다. 필멸의 말은 검고 다루기 힘들었고, 불멸의 말은 하얗고 고귀했으며 순수했다. 고삐를 쥐고 있는 마부는 서로 경쟁하는 이 두 마리의 야수를 조종해 영원한 진실과 절대적인 지식의 '천국'으로 올라가야 한다.

백마는 올라갈 준비가 됐지만, 흑마는 마차를 다시 지상으로 끌고 가려 한다. 플라톤은 흑마를 '기본적인 욕구', 백마를 '영적인' 혹은 '명예의 추구', 그리고 마부를 '이성'이라고 설명했다.

그리스인들은 무엇보다 이성을 높이 평가했다. 하지만, 플라톤은 인간은 기계장치가 아니며, 삶의 가치는 서로의 모순을 이겨내면서 가치 있는 목표를 향해 나아가는 데 달려 있다고 말한다.

플라톤은 영적이고 명예를 추구하는 백마의 힘을 이성적으로 조정해 흑마를 통제해야 한다고 생각했다. 목표는 '영혼의 조화'를 이루는 것이며, 모든 노력의 근본으로 여겼다.

오늘날 우리는 이런 다양한 속성을 다른 용어로 나누고 플라톤의 형이상적인 형태보다는 물리구조적으로(가장 흔한 예로 뇌) 분류한다. 하지만 지적 능력, 감정, 그리고 영적 갈망이 한

데 어우러져야 하며, 각각의 요소가 넘치지 않도록 조절해야 한다는 플라톤의 의견에는 여전히 동의한다.

전문가는 세부적인 분석에 집중하면서도 사업의 모든 분야에서 성장과 수익성, 번영을 위해 일하는 동료들의 감정적인 욕구를 잘 알아차려야 한다. 일터에서 이런 통합을 이루어내는 게 능동적 탐구와 생각, 대화, 창조의 기능이다. 브래드는 아직 이 방법을 배우지 못했다. 그렇다고 게임이 끝난 건 아니다.

잘못된 소통방식에서 빠져나오기

다급해진 브래드는 문제해결법을 찾으려고 임원 코칭에 왔다. 코치는 그의 능동적 탐구 기술을 강화해줄 계획을 실행하려 했다. 하지만 처음에는 코칭 피드백에 방어적이고 신경질적으로 반응했다.

브래드는 자신에 관한 동료들의 인식이 중요하다는 걸 받아들이지 못했다. 동료들이 자신의 의도를 잘못 이해했더라도, 새로운 소통방식을 찾는 건 그의 몫이다. 또 자신을 적대적이고 공격적인 적이 아니라 믿을 만한 동료로 만드는 것도 그가 할 일이다. 코칭은 시작부터 진행이 어려웠다.

이 상황을 어떻게 빠져나와야 할까?

코치는 대인관계 접근법을 연습할 만한 다른 관계를 찾아보자고 설득했다. 이에 브래드는 자신과 아들의 관계에 이 방법을 연습하는 걸 동의했다. 당시 그의 십 대 아들은 학업 때문에 힘들어했고, 나쁜 무리와 어울리기 시작했다. 브래드는 아들이 공부를 소홀히 하면서 잦은 파티에 약까지 복용하게 될까 봐 걱정하고 있었다. 브래드는 아들에게 훈계를 하거나 간섭하게 될 경우 회사에서처럼 역효과만 난다는 건 알고 있었다.

브래드는 아들과의 문제를 해결하기 위해 능동적 탐구를 하는 대화법을 익힐 경우, 직장에서도 응용할 수 있을 거라는 생각이 들었다. 그래서 우선은 자식을 사랑하는 마음으로 새로운 대인관계 접근법을 받아들이게 된 것이다.

브래드는 아들과 능동적 탐구를 기반으로 한 대화를 시작했다. 이를 통해 아들과 점점 가까워지자 능동적 탐구에 자신감을 가지게 됐다. 둘은 이제 특별한 이유가 없어도 같이 산책하고 점심이나 저녁을 먹는 등 종종 함께 시간을 보낸다.

능동적으로 듣는 법을 배운 브래드는 아들에게 여유로운 태도로 선생님이나 친구, 관심사나 행사 등을 물었다. 또래 친구들에 관해 안 좋은 이야기를 들어도 당장 해결하려 들지 않고 침착하게 다른 질문을 했다. 그 결과, 브래드는 그동안 아들에 대해 알던 것보다 단 몇 번의 대화로 더 많은 사실을 알게 됐다.

브래드는 자신이 단지 생계를 책임지는 사람, 엄격한 사람, 열심히 일하는 롤 모델 이상의 무언가가 됐다고 느끼기 시작했다. 그는 지금 생각보다 훨씬 더 부모로서 정서적으로 교감하고 참된 길을 가고 있음을 체감했다. 능동적인 탐구를 통해 아들과 인간적인 대화를 나누다 보니 예전보다 상대에게 영향력이 더 커졌다는 것도 깨달았다. 이 영향력은 그가 바라왔지만 실패했던 목표였다.

물론, 브래드의 아들은 여전히 또래들에게 많은 영향을 받으며 충동적인 결정을 내릴 수도 있다. 하지만 브래드를 통해 속도를 늦추고 어떻게 해결해야 할지 스스로 생각하고 질문하는 법을 배웠다. 이렇게 '멈추고 늦추기' 단계를 추가하면 전두엽, 즉 뇌의 집행부가 더 창의력을 발휘해서 해결책을 찾아낸다.

능동적 탐구가 주는 변화를 경험한 브래드는 이 기술을 활용할 방법을 찾기 시작했다. 이후 몇 달 동안 진행된 코칭 수업은 능동적 탐구를 활용해 새로운 직장동료들과 성공적으로 지내는 방법에 집중되었다.

브래드는 능동적 탐구를 통해 자신이 단순히 새로운 일자리를 얻는 것 이상의 무언가를 원한다는 걸 깨달았다. 그는 더 완전한 인간이 되길 원했고, 깊어진 인간성으로 가족과 모든 관계, 그리고 더 넓은 세상에 가치를 더하길 바랐다. 브래드는 영향력 있는 사람이 되길 원는데, 이건 폭력으로는 절대 될 수 없다는 걸 고생 끝에 깨달았다. 기술적 지식에 몰두하고 죽어라 일만 하는 직업관도 바뀌었다.

능동적 탐구를 터득한 브래드는 자신에게 맞는 새 일자리를 찾았다. 스트레스도 덜했고 협력 프로젝트도 만족스럽고 활기찼다. 성장하는 기업에서 적응하지 못하게 자신의 시야를 좁히던 창업자 증후군에도 휩쓸리지 않았다. 브래드는 남은 평생 사용할 수 있는 완전히 새로운 인간관계의 기술을 가지게 됐다.

case 심각해지는 번아웃 증후군
: 미국에서 5번째로 주요한 사망원인이 '직장'이라고?

브래드가 중대한 심판을 받기까지 최악의 적은 그 자신이었고, 경력이 박살난 원인도 모두 자신에게 있었다. 하지만 이런 직장 내 문제를 항상 특정 개인의 탓으로 돌리기는 어렵고 공정하지도 않다. 일터 자체(혹은 업계)의 문제적 특성도 중요하게 고려해야 한다. 복잡한 역할을 수행하는 다수의 개인이 모여 불량한 환경을 만들기도 한다. 직장의 비인간화 문제는 점점 공중 보건의 문제로 주목받고 있다.

2019년 세계보건기구는 직장에서의 번아웃 문제에 관한 발표를 하고, 건강관리의 표준 진단도구 역할을 하는 국제질병분류ICD 체계에 용어를 더 정확하게 정의했다. 현재 번아웃은 '만성적인 직장 스트레스를 잘 관리하지 않아 나타난다고 개념화된 증후군'이라고 정의되어 있다. 주로 3가지 증상이 나타난다.

첫째, 개인의 업무와 심리적 거리감이 증가해 힘이 없고 기진맥진한 기분.

둘째, 개인의 업무와 관련해 부정적이거나 냉소적인 감정.

셋째, 직업적 효율의 감소.

ICD는 명확한 정의와 함께 전 세계 노동자들에게 나타나는 정신건강 팬데믹에 관해 큰 주의를 기울이고 있다. 팬데믹 위기로 이 문제는 더 악화되었다.

여러 기관에 따르면 기분장애 치료약과 그에 관한 문제가 쏟아져 나올 당시, 미국의 자살률도 함께 증가했다고 한다. 미국 국립 보건통계센터가 1999년부터 2014년까지 실시한 연구에서 미국의 자살률은 24퍼센트가 증가했다. 미국 국립정신건강원은 1999년부터 2018년까지 조금 더 장기간 연구를 진행했는데, 자살률이 35퍼센트까지 치솟았다. 현재 미국에서 자살은 8가지 주요 사망 원인 중 하나다.

지금 직장에 무슨 일이 있는 거야?

경제학자 앤 케이스Anne Case와 앵거스 디턴Angus Deaton의 저서 《절망의 죽음과 자본주의의 미래》를 보면, 직장문제와 경제적 절망감으로 미국 노동자 계층의 기대수명이 최근 몇 년 연속 꾸준히 줄어들었다고 한다. 이는 미국에서 한 세기 이상 나타나지 않았던 추세다. 자살, 알코올성 간질환, 약물남용 등이 포함되는 절망사絶望死는 근래 경계해야 할 정도로 꾸준히 증가했다.

케이스와 디턴은 이런 심상치 않은 상황의 중요한 요소 중 하나로 최근 '고용주와 함께 오랜 시간 헌신하며 일하는' 사람들이 감소한 것을 들었다. 이런 현상은 매우 비관적인 추세다.

2019년 플로리다의 공화당 상원의원 마르코 루비오Marco Rubio는 종교와 공적인 삶의 교차점을 다루는 관보 〈퍼스트 띵스〉에 레룸 노바룸Rerum novarum이라는 교황의 회칙을 인용한 글을 썼다.

1891년 교황 레오 13세가 쓴 교회의 위계조직을 향한 공개항의서에는 "노동자 계층의 대다수에게 끔찍하고 지독한 압력을 가하는 상황"을 개선해야 한다고 써 있다. 교황은 노동과 노동사에게는 모든 사회가 존중하고 섬겨야 할 근본적인 존엄성이 있다고 주장했다.

여기에 친親재계 보수주의자인 루비오는 교회가 사람들에게 노동은 삶의 목적을 이루게 해주는 본질적인 부분임을 가르쳐야 한다고 지적했다. 루비오는 이렇게 썼다.

"미국에서는 전통적으로 민간 기업이 대중에게 품위 있는 일자리를 제공해온 기관이다."

하지만 이어서, 민간 기업이 인간존엄성을 지켜주던 기존의 역할을 포기했다고 말했다. 신성한 노동이 사라지거나 제 역할을 못하면 인간의 영혼이 좀먹힌다.

최근 몇 년 동안 가족과 지역사회를 지탱하던 일자리가 파괴되었다. '새로운 경제'가 사람들을 구원할 것이라 믿었지만, 미국 노동계의 새로운 구조는 그들을 받쳐줄 만큼 두껍지 않았다. 금융경제의 성장으로 성공한 사람들도 그들의 노동이 몇 세대 전처럼 생산적일 수 없음을 직감하고 있다.

교회는 노동자가 단순히 이익을 만드는 도구가 아니라 인간으로서, 사회와 국가의 생산을 담당하는 구성원으로서 존중받도록 고용주에게 도덕적 의무를 강조한다. 우리는 경제가 진정으로 누구를 위한 것인지 생각해야 한다.

스탠퍼드대학교 경영대학원 교수 제프리 페퍼*Jeffrey Pfeffer*는

자신의 저서《월급 받다가 죽겠다: 현대 경영이 피고용인의 건
강과 기업의 성과에 해를 끼치는 이유와 우리가 해야 할 일》에
서 이런 추세를 신체 및 정신건강과 관련해 언급했다. 책에는
이익에 대한 광적인 갈망이 어떻게 기업이 생산성, 지속성, 그
리고 기본적인 건강에 적대적으로 행동하게 만들었는지 서술
되어 있다.

열악한 업무환경은 근무 시간 내의 삶의 질과 생산성을 낮
출 뿐 아니라, 사람들의 사생활에도 큰 피해를 준다. 일과 삶의
균형이 무너지면 결혼도 힘들어지고, 아이들과 보내는 시간도
줄어들며, 운동, 수면, 영양 섭취 같은 기본 건강을 위한 활동
도 힘들어진다.

정신건강이나 당뇨, 고혈압 같은 만성 질환 문제는 스트레
스로 생기거나 악화하기도 하는데 잠재적으로 치명적인 결과
를 불러온다. 페퍼는 자신의 연구에 관한 인터뷰에서 이것이
심각한 문제임을 언급했다.

"직장이 미국에서 5번째로 주요한 사망원인일 거라고는 생
각하지 못했습니다. 인사팀 사람들은 그 수치가 분명히 잘못
됐다고 말했습니다. 너무 낮다는 것이죠."

case 프랑스 텔레콤 직원의 자살
: 직장에서 공포 분위기가 생기면?

사람들을 황망하게 만든 직장과 관련된 죽음에 관해 충격적인 사례도 있다.

2019년에 프랑스 법원은 프랑스 텔레콤(현 거대 통신사인 오렌지)의 전 최고경영자와 실권자, 그리고 인사팀장이 2000년대 중후반에 걸쳐 35명의 직원들을 자살하게 만든 책임이 있다고 결론지었다. 이들 경영진은 '비윤리적 기업 행태'로 유죄판결을 받고 징역 4개월과 거액의 벌금을 선고받았다. 추가로 프랑스 텔레콤에도 벌금을 징수했다.

당시 경영진은 500억 달러의 부채로 인해 대규모 구조조정을 단행했다. 이렇게 12만 명의 직원 중 2만 2천 명을 해고하는 과정에서 직장 내 공포와 근심에 찬 분위기를 의도적으로 조성했다.

〈뉴욕타임스〉 기사에는 여러 직원들의 증언이 실렸다.

"회사가 인력을 줄이기 위해 일부 직원을 부적당한 직무에 고의로 발령하자, 절망한 동료들이 목을 매달고, 분신하고, 창밖이나 기차 밑에 몸을 던지고, 다리와 육교에서 뛰어내렸다."

가장 어린 자살 희생자는 28살의 니꼴라 그르노빌이었다. 성실하고 내성적인 기술자로 언제나 혼자 일했고, 전화로 업무를 전달받기를 좋아했다. 그런 그에게 배운 적도 없고 적성에도 안 맞는, 외향적인 사람들로 가득한 영업직에 악의적으로 배정했다. 그는 무척 괴로워했다. 2009년 인터넷 케이블로 목을 매달기 전에 이렇게 글을 남겼다.

"업무를 도저히 못 견디겠어.
프랑스 텔레콤은 직원들에게 무관심해. 돈밖에 몰라."

이 사건처럼 '의도성을 가진 사회적 폭력'을 법원에서도 범죄라고 판결한 사례는 프랑스에서 처음 있는 일이었다.

다음 장들에서는 이 문제에 관해 더 탐구하고, 생각, 대화, 창조 과정이 어떻게 지속가능하고 건강한 해결책을 만드는지 알아보자.

많은 기업은 직원들에게 필요한 건강한 휴식을 주기 위해 명상 수업, 마사지 의자, 탁구대를 제공하며 일터의 질을 향상하기 위해 의식적으로 노력하고 있다.

직원들에게 체육관의 회원권을 주거나 매일 걸음 수를 확인할 수 있는 웨어러블 기기를 주기도 하며 간혹 목표를 달성하면 보상을 주기도 한다.

물론 이런 시도도 나쁘진 않다. 하지만, 일터의 가치를 기본적으로 변화시키려는 흐름이 먼저 생겨나야 이런 것들이 효과를 발휘한다.

이는 본질적으로 개인의 집합체인 기업이 노동자의 장기적인 건강에 관해 터놓고 대화해야 하는 주제다.

Think Talk Create

5장

점점 더 비인간화되는
환경의 문제점

The Heartlessness of the Matter

"해고되지 않고 세 번째 무단결근을 할 수 있을까요?"

"아니요."

"딸의 결혼식 참석과 해고 중에 선택하라는 말인가요?"

"누구든 대체될 수 있습니다."

case 24년 364일 되는 날 해고된 마크
: 왜 성실하고 오래된 직원을 푸대접하는 걸까?

20년 동안 프라이머리 보험사에서 일한 마크는 토론토 교외에 있는 작은 사무실에서 인근 80킬로미터 내의 고객들만 담당했다. 그는 20년 동안 근무하면서 항상 행복했고, 앞으로 20년을 더 보낼 수 있다면 더없이 기쁠 것 같았다. 그가 하는 일은 지역사회를 위한 것이라는 분명한 목표가 있었다.

그래서 학부모 행사에서 우연히 만난 사람들이나 식료품 가게에서 줄을 서며 마주치는 이웃을 도왔고, 심지어 집에 불이 난 전 경영자를 돕기도 했다. 회사 야유회는 신났고, 주말파티는 언제나 만족스러웠으며, 다른 부서 사람들의 자녀가 몇 학년인지도 알고 있었다.

그런데, 어느 날 갑자기 프라이머리가 세계에서 가장 큰 보험사 중 하나인 FMF 라이프에 인수됐다. 이 대형 글로벌 회사의 본사는 수백 킬로미터 떨어진 곳에 있었고, 직원들의 목적의식과 팀의 소속감이 흐려지기 시작했다. 이메일을 보낸 사람의 절반만 알아도 다행이었고, 그들의 아이에 관해서는 전혀 신경쓰지 않았다.

어느 날 아침에는 마크가 사무실에 들어가자, 전날 허리케인이라도 분 것 같은 모습이 펼쳐졌다. 그는 자신이 좋아하는 가족사진이 책상 옆 바닥에 떨어져 있는 모습을 보고 충격을 받았다. 손에 커피컵을 들고 사무실 안을 둘러보던 마크는 태풍이 선택적으로 불었다는 사실을 발견했다. 다른 직원들의 책상 역시 컴퓨터, 키보드, 전화는 제자리에 있었으나, 가족사진이나 작은 개인용품만 카펫 위에 떨어져 있었다.

사건의 전말은 이러하다. 합병 몇 주 뒤, 본사로부터 사무실 규정에 관해 메시지를 전달받았던 적이 있다. 경영진은 전사 공지를 통해 마크와 그의 새로운 동료들에게 책상에 개인 물품을 두지 말 것을 권고했다. 회사에서 제공한 업무에 필요한 장비 외에 달력, 장식품, 사진을 올려두면 안 된다고 했다. 마크의 회계부서는 내근이라 고객이 사무실에 들어올 일이 없었는데도 개인적인 물품은 절대 허용되지 않았다. 마크와 새로운 동료들이 처음으로 대화를 했다.

"이게 말이 돼요? 무슨 생각일까요? 시간이 남아도나 봐요."

마크와 새로 입사한 직원들은 전사 공지에 따라 명절장식이나 고양이 포스터, 축구 달력은 없앴지만, 아이들 사진 정도는 괜찮을 거라고 생각했다. 왜냐하면, 기업의 본사는 비행기를 타고 오래 가야 하는 거리에 있었고, 합병 전부터 일해 온 팀장들이었기 때문에 이 정도는 괜찮다고 생각했다.

그런데, 기업의 문화가 급격하게 바뀔 수도 있는 걸까?

하루아침에 비인격적으로 바뀔 수 있을까?

결론부터 말하자면, 완전히 바뀔 수도 있다.

가족사진을 바닥에 내동댕이친 건 태풍이 아니라 한밤중에 검문한 FMF 라이프의 고위 관리자들이었다. 이들은 경고 없이 사무실에 들어가 불을 켜고 책상을 옮겨다니며 눈을 털어내는 자동차 와이퍼처럼 모든 개인물품을 바닥으로 쓸어내렸다. 그리고 불을 끄고 문을 잠근 뒤 호텔로 돌아갔다.

다음 날 아침, 사무실에 들어선 마크와 동료들은 무척 당황스러웠지만, 천천히 소중한 물품들을 주워서 가방에 넣었다.

그날 아침 고위 관리자들이 새로운 직원들에게 인사하기 위해 방문했는데, 그들은 한밤중에 습격한 일을 언급도 사과도 하지 않았다. 마크는 이게 새로운 직장의 지배자들에게는 예사라는 걸 금세 깨달았다.

FMF 라이프는 직원들도 사무실 가구와 똑같이 취급했다. 가구는 '물리적인 시설'의 하나였고, 사람은 '인적 자원'으로 실적을 짜내는 도구 그 이상도 이하도 아니었다. 언제나 타인을 하나의 수단이 아닌 그 자체로 중요하게 대하라는 임마누엘 칸트의 도덕철학과 정면으로 충돌하는 상황이었다.

이 관리자들은 바구니에 든 사과를 모두 망치는 썩은 사과 몇 개가 아니었다. 이들은 업무적으로 오직 숫자만 따지는 사고방식에 찌들어 있었고 한계도 없었다. 이런 태도는 사업상의 모든 결정에 영향을 끼쳤는데 인력을 저렴한 자동화 시설로 대체하기도 했다.

관리자들은 나쁜 사람이 아니라 나쁘게 행동하도록 세뇌된 평범한 사람들이다.

"개인적인 감정은 없어. 이건 사업일 뿐이야."

이렇게 말하는 장면은 조폭 영화의 가장 흔한 클리셰 중 하나다. 직장 내에서 비윤리적으로 행동하더라도 그 사람의 고과가 좋다면 용인해줄 확률이 높다는 사회 심리학 연구가 있다.

학술지 〈펄스널 사이콜로지〉에 2016년 발표된 한 연구에 따르면 1,000명이 넘는 인원(상관과 직원 300쌍 이상)을 대상으로 조사해보니, 생산성이 좋으면 비윤리적인 행동도 상관이나 동료들이 묵인한다는 결과가 나왔다. 사람들은 단기적 이익에 도움이 된다면 냉혹하거나 무자비한 행동도 받아들이며 심지어 도움이 된다고 생각했다. 만약 이게 사실이라면, 인간의 기본 존엄성과 공감에 훨씬 악영향을 끼친다.

- 왜 직원이 일터에서 사랑하는 사람을 떠올리면 싫어할까?
- 왜 스트레스 해소와 정신건강에 도움이 되는 '소셜 스내킹(사진을 잠시 보는 행위)'을 막으려 할까?
- 가족을 떠올리는 것이 과학적으로, 경제적으로 부정적인 요소일까?

경영진들은 최근 비인간화에 관한 연구를 놓친 것 같다. 이들은 사업상의 결정은 오직 숫자를 기준으로 해야 한다고 생각했다.

프라이머리 보험회사의 직원들은 갑자기 FMF 라이프라는 전혀 다른 환경과 마주했다. 책상 위에 개인물품을 놓아서는 안 된다는 규정은 새로 생긴 많은 비인간화 규정 중 하나에 불과했다.

휴가기간이 줄어들고 직원별로 근무 연수에 따라 할당됐다. 근속기간이 5년 미만인 직원들은 기존에 있던 3주 휴가가 2주로 줄어들었다. 20년 이상 근무한 베테랑인 마크도 휴가가 5주에서 4주로 짧아졌다. 합병 직후 회사를 떠난 경력 10년 이상의 직원들은 복귀를 원할 시 호봉이 무시될 거라는 통보를 받았다. 업계 경험이 풍부한 사람들도 재입사할 경우 신입사원 수준의 수당을 받았다. 여기에 추가로 다른 경고도 있었다. 모든 직원은 휴가 전 기업 본사에 승인받아야 하며 무단결근을 3번 한 직원은 즉시 해고였다.

- 스트라이크 원

9월 중순, 마크가 아침에 눈을 떠보니 아내가 심하게 아파서 응급실에 가야 했다. 합병 전에는 상관에게 전화를 걸어 상황을 설명하면 그만이었다. 하지만, 이제는 결근사유를 상세하게 설명한 이메일을 여러 번 주고받아야만 한다. 마크는 이미 명절에 휴가를 써서 남은 휴가가 없었고, 가족의 응급상황이라도 달라질 건 없었다. 아내의 응급실행을 위해 마크는 무단결근을 해야만 했다.

- 스트라이크 투

아내가 회복한 후, 때 이른 겨울 폭풍이 10월 중순부터 시작됐다. 기상학자들은 상당한 눈과 얼음이 3일 정도 쌓여, 오전 출근은 사실상 불가능하다고 예측했다. 주州와 지역 당국도 기자회견을 열어 비상사태를 선포했고, 운전자에게 안전을 위해 도로를 사용하지 말라고 당부했다.

하지만 FMF 라이프의 규정상 보험 사무실은 24시간, 7일, 365일 언제나 열어야 했다. 주말에도 절대 닫지 않았다. 심지어 휴일 한밤중에도 유령선의 해골 선원들처럼 전화를 받아야 했다. 생명을 위협하는 눈보라에 어떻게 대처할지 몰랐던 마크와 동료들은 본사의 반응이 상당히 궁금했다. 이 궁금증에 관한 해답은 오후 3시 재택근무 중에 이메일로 전달됐다.

본사는 응급상황에서 직원들의 안전을 신경써야 하므로, 팀원들이 눈 덮인 길을 안전하게 출근할 수 있는지 최선의 판단을 하라고 했다. 그러면서도 모든 직원에게 출근을 하라는 뜻을 전했다. 만약 운전이 안전하지 않은 상황이라면, 대형 SUV차량을 택시로 준비했으니 활용하라고 했다.

다음날 출근을 위해 집 앞에 나온 마크는 놀라운 대자연의 힘을 목격했다. 그의 차 위로 나무가 쓰러져 있었다. 마크는 서둘러 SUV 서비스에 전화를 걸었다. 하지만, 그 차량은 이미 신중하게 짜인 경로를 따라 이동 중이었다. 오전은 물론이고 점심시간까지 마크에게 올 수 없었다. 최악의 상황을 직감한 마크는 집으로 돌아가 마지못해 출근 플랫폼에 접속했다. 창문에 눈이 쌓이는 와중에 그는 두 번째 무단결근서를 제출할 수밖에 없었다.

*
**

마크는 그해 여름까지만 해도 20년 가까이 높은 성과를 냈던 직장에서 무단결근을 한 번만 더 하면 잘릴 처지가 될 거라고 예상하지 못했다. 작은 사무실에서 재직한 내내 이런 일은 가당치도 않아 보였다. 자신이 기여하는 만큼 항상 존중받고 인정받는다고 느꼈다. 하지만 회사가 글로벌화되며 사람의 가치가 주주의 숫자놀음으로 대체되었다.

여름이 끝나갈 무렵 직원들은 휴가계획서를 제출하라는 연락을 받았고, 마크는 빠르게 계산했다. 올해 남아 있는 휴가는 연말에 친척 방문을 하는 걸로 날짜를 딱 맞춰서 쉴 수 있었다.

하지만 12월의 금요일에 갑자기 훨씬 중요한 일정이 하나더 생겼다. 딸의 결혼식에 마크가 함께 입장해야 하는 일이다.

겨울 폭풍이 불고 며칠 뒤, 마크는 인사권이 있는 고위 임원에게 전화 회의를 신청했다. 그리고 말도 안 되는 상황을 설명했다. 이틀의 결근은 인력으로 통제할 수 없는 응급상황과 자연재해였다. 그리고 지금 딸의 결혼식이 얼마 남지 않았다. 마크의 요청은 간단했다.

"해고되지 않고, 세 번째 무단결근을 할 수 있을까요?"

경영진의 대답도 간단했다.

"아니요."

합병 이후 사무실의 규정은 명확했다. 원칙은 원칙이고 어떤 직원도 특별대우하지 않는다. 그래서 마크는 최대한 진심을 담아 호소하며 물었다.

"딸의 결혼식 참석과 해고 중에 선택하라는 말인가요?"

수화기 반대편에서 목소리가 들렸다.

"누구든 대체될 수 있습니다."

잠시 후, 마크의 귀에 들리는 건 끊어진 전화의 신호음뿐이었다.

직장 스트레스가 나타나는 경우

마크처럼 자주성을 빼앗기고, 굴욕을 맛보고, 사회적으로 배척되며 인간 취급을 못 받았을 때 어떤 현상이 일어나는지 50년 동안 연구한 적이 있다.

화이트홀 스터디는 20세기 중반부터 영국에서 35세부터

55세 사이 공무원의 직급에 따른 사망률을 비교했다. 그 결과는 처음 발표된 순간부터 현대화의 문제를 경고했다.

피라미드의 밑바닥에 있는 공무원들은 꼭대기에 앉아 있는 사람보다 일찍 죽을 확률이 3배나 높았다. 연구에 의하면, 자신의 업무에 통제력이나 기여하는 바가 없다고 느낄 때 생기는 스트레스가 심장마비나 뇌졸중 같은 치명적인 병을 유발하는 직접적인 원인이라고 한다. 윗사람들이라고 스트레스를 안 받는 건 아니지만, 명령을 내리는 사람보다 망치를 직접 들고 있는 사람이 일찍 죽을 확률이 높았다.

브리티시컬럼비아대학교의 심리학자 칼리나 크리스토프 *Kalina Christoff*는 전문 분야의 비인간화를 신중하게 분석했다.

> "비인간화는 우울증, 불안 및 스트레스성 질병에
> 직접적으로 기여한다."

2018년 연구에 따르면 직장의 스트레스는 심각한 자살을 유발하는 데 깊은 연관이 있다. 이 결과는 2015년 〈미국 예방 의학회지〉에서 '업무와 관련된 고충'이 자살충동을 느끼게 하는 주요 요소 중 하나라고 발표한 연구와 같았다. 점점 더 많은 노동자가 과중한 부담과 함께 자신이 과소평가됨을 느끼고 있다. 사람은 고무줄이 아니다. 둘 다 마모되고 뚝 끊어지기도 하지만 중요도는 전혀 다르다.

비록 자살이 극단적이고 드문 사례라고 해도 비인간화된 조직에서 일하다 보면 만성적인 건강 문제가 생긴다. 의학, 신경학, 사업 분야의 합동연구 덕분에 이익만 추구하는 기업들이 직원들의 잘못된 죽음에 영향을 준다는 증거들이 많이 나왔다. 영업목표를 달성하기 위해 노력하는 것과 죽을 만큼 위험한 건 다른 문제다.

조사의 핵심은 다음 3가지였다.

첫째, 세계경제포럼에 따르면 선진국의 엄청난 의료보험 부담금 중 약 75%는 당뇨나 심혈관 혹은 혈액 관련 병 등 만성질환이 차지하고 있다.

둘째, 이 질병들과 과식, 운동부족, 약물과 알코올 중독은 우울증, 불안 및 스트레스성 질병 같은 정신건강 문제에서 비롯된다는 의학 보고가 많다.

셋째, 사람들이 업무에서 느끼는 압박감은 우울증, 불안 및 스트레스 관련 질병의 가장 큰 원인은 아닐지라도 그 중 하나임을 보여주는 정보가 많다.

실적을 달성해야 한다는 압박으로 직원들이 죽는 현상은 새로운 일이 아니다. 일본에서는 수십 년 전부터 젊은 직원의 사망률이 충격적인 수준이었고, 과도한 업무로 인한 죽음이라는 뜻의 '과로사'라는 단어까지 생겨났다. 정부와 현지 기업들을 비롯한 여러 조직들은 이런 사망률을 줄이기 위해 구체적인 프로그램들을 시행했다. 야근시간을 제한하고 상담전화를 만들었으며, 위험에 처한 직원은 정신건강 전문가와 면담하도록 했다. 아직 몇몇 다른 국가들은 이런 조치를 취하지도 못하고 있다.

**

마크는 아내에게 해고됐다고 말했을 때의 반응과 딸에게 결혼식 저녁 연회에만 참석할 수 있다고 말했을 때의 반응을 생각해봤다. 마크 부부는 갚아야 할 대출과 학자금이 아직 남았고 차도 새로 사야 했다. 재정적인 측면에서 퇴사는 좋은 선택이 아니었다.

마크의 딸은 아빠가 결혼식에 참석할 수만 있다면 날짜를 바꾸겠다고 말했다. 그리고 실제로 바꿨다. 식장 관리인 및 요리사들과 협의해 결혼식을 금요일에서 토요일로 옮겼고, 모든 하객에게 상황을 전달했다. 덕분에 마크는 세 번째 스트라이크로 해고당하는 일은 피할 수 있었다.

하지만 마크는 진절머리가 났다. 그 해가 저물어가자 다가오는 연말휴가 날짜만 기다렸다. 연말 분위기가 자신의 기분을 들뜨게 해주길 바랐다. 마크는 슬픔을 자주 느꼈고 항상 피곤했다. 연말휴가를 마치고 집으로 돌아오는 비행기에서 마크가 다음날 업무를 신경쓰며 손가락을 까딱거리자, 아내는 이제 변화가 필요한 때라고 말했다.

마크는 입사한 지 24년째다. 프라이머리 보험회사는 25년 근속자에게 상당한 금액의 퇴직금을 지급했다. FMF 라이프에는 직원들을 위한 비슷한 제도가 없었지만, 프라이머리에서 새로 합병된 직원들에게는 이 특혜를 유지해줬다.

마크는 이 퇴직 제도를 잘 알고 있었고, 미래의 자금 사정을 고려해 아내와 타협했다. 그는 일 년만 더 다니겠다고 말했다. 열두 달은 견딜 수 있을 거라고 생각했다. 마크는 예상치 못한 상황에 대비해 언제나 2주치 휴가를 아껴 놓고, 매달 상담사를 만나 자신이 느끼는 감정들을 털어놓을 생각이었다. 마크는 1년 뒤 퇴직금을 우대받으며 회사를 은퇴하고, 더 열심히 일할 수 있는 다른 직장을 찾으면 된다. 아내도 동의했다. 새해 첫 출근날, 마크는 사무실 문을 들어서며 사진 한 장 없는 책상에 앉아 조용히 중얼거렸다.

"난 할 수 있어."

마크는 자신의 말을 지켰다. 무단결근 없이 수개월을 버텼다. 그동안 동료들과 찾아낸 직장에서의 유일한 즐거움은 각자의 책상에 놓인 티슈 상자였다. 비록 개인용품은 사용할 수 없지만 사비로 구입한 티슈 상자는 올려놓을 수 있었다. 직원들은 개성과 취향을 표현하기 위해 과감하게 장식된 티슈 상자를 사용했다. 화려한 색이나 좋아하는 스포츠팀이 나온 티슈 상자를 샀고 제각각 개성이 있었다. 그리고 사무실에 독특하고 새로운 티슈 상자가 나타날 때마다 직원들은 서로 윙크를 보내며 유대감을 느꼈고, 서로의 작은 반란을 응원했다.

마침내 연말이 왔다. 12월 1일 아침, 연말휴가를 연기한 마크는 자신이 작은 지역 보험회사에 신입사원으로 들어온 지 24년 364일이 되는 날을 맞이했다. 지난 12개월 동안 그는 계획한 일을 열심히 이뤄 냈다.

그날 아침 출근 후, 상관이 마크에게 찾아와 본사에서 온 대리인이 이야기를 나누고 싶어 하니 회의실로 가보라고 말했다. 마크가 복도를 지나 회의실에 들어가니 낯선 사람이 테이블에 앉아 있었다. 그 사람의 양복과 넥타이는 뒤로 보이는 항균 벽지와 어우러져 최근에 개발된 사무실용 위장복을 입고 있는 것처럼 보였다. 회의는 길지 않았다.

회사 경영진은 비용을 줄이기 위한 방법을 찾던 중이었다. 지난 2분기 동안 사무실의 지출이 올라 주주들이 신경쓰기 시작했다. CEO는 높은 연봉과 많은 복지혜택을 받는 직원의 업무를, 경험이 부족하더라도 연봉이 적은 팀원에게 맡기는 것을 검토했다. 그 결과 마크의 자리가 사라졌고 더는 일할 필요가 없어졌다.

입사 25주년을 하루 앞둔 날이었다. 마크와 본사 대리인이 회의를 마친 후, 경비원이 작은 상자를 들고 회의실에 들어왔다. 안에는 마크의 가방, 커피컵, 집에서 가지고 온 연필과 펜 몇 자루, 책상에 올려놨던 티슈 상자가 들어있었다. 대리인은 경비원이 정문까지 동행할 테니 건물에서 나가 달라고 했다.

정문으로 나가는 마크의 눈에 회색 책상과 칸막이로 된 바다에서 깜빡이는 티슈 상자들이 보였다. 무채색의 생기 없는 일터에서 반짝이는 마지막 인간성이었다. 그렇게 마크는 25주년을 하루 앞둔 날 회사에서 쫓겨났다.

*
**

FMF 라이프 같은 대기업은 위대한 피셔 박사, 그리고 라몬을 치료한 의료진과 같은 문제에 빠져 있다. 지나치게 단순한 숫자 정보에 집착한 나머지 가장 중요한 인간의 본질을 놓치고 말았다.

인간의 존엄, 건강 그리고 공정한 보상은 기업의 성장 및 성공적인 경력과 공존할 수 없는 요소들이 아니다. 오히려 장기적으로 봤을 때 필수적이다.

인간성이 살아있는 일터가 성공할 확률이 높다는 주장을 뒷받침하는 인지 과학 연구와 기관들의 조사결과가 있다. 무엇보다 최근 조사에 따르면 직장에서 협업의 비중이 80퍼센트를 넘겼는데, 이는 지난 20년 동안 50퍼센트가 오른 수치다.

최근 매켄지는 아리스토텔레스 프로젝트를 통해 구글이 발견한 사실을 재확인하는 보고서를 발표했다.

"현재 가능한 기술로 자동화하기 가장 어려운 활동은 인력을 관리하고 개발하는 일과 전문지식을 활용해 의사결정, 계획, 창조적인 일을 하는 것이다."

아이러니하게도 많은 반복적인 업무가 알고리즘으로 대체되면서 인간이 수행해야 할 가장 가치 있는 업무는, 어떤 의미에서 더 인간스럽게 되는 일이다.

물론, 모멸적이고 폭력적인 일터가 현대인에게만 적용되는 문제는 아니다. 역사적으로 어린이, 여성, 인종, 이민자, 미숙련

남성을 포함한 일용직들은 낮은 대우를 받고 학대를 당해왔다. 고용주는 딱 한 마디만 했다.

"우리는 그래도 되니까."

한편, 슬픈 모순도 있다. 중세 유럽에서 농노에 관한 처우는 흑사병으로 노동자가 줄어들고 난 뒤에야 개선됐다.

오늘날 신종 코로나바이러스는 우리에게 가장 중요한 노동자들이 종종 가장 낮은 임금을 받고 있다는 사실을 상기시켜준다. 치명적인 바이러스가 아니었다면 최저 임금을 받으며 밤에 화장실 청소를 하는, 어쩌면 최근에 이민을 왔을 사람에게 우리가 감사드릴 일은 없었을지도 모른다.

우리는 마스크와 극도의 사회적 고립 시대를 거치며 다시금 따뜻한 미소와 인간적인 손길이 지닌 무형의 가치를 깨닫게 되었다.

case 월마트가 떠나 보낸 손님
: 비용절감을 위해 직원을 해고한 결과는?

92세의 마지는 월마트의 가장 충성스러운 고객 중 한 명이다. 그녀는 작은 뉴잉글랜드 도시의 조용하고 살기 좋은 거리에 있는 소박한 집에서 살았다. 혼자 살면서 우편물을 확인하거나 쓰레기를 버리러 나와서 이웃들과 인사하는 일 외에는 친척들이 이따금 찾아오는 게 교류의 전부였다.

하지만 마지는 지역 월마트의 5분 거리에 살면서 전혀 쓸쓸하다고 느끼지 않았다. 매일 아침을 먹고 근처에 있는 대형 마트에 차를 끌고 갔다. 그녀가 들어설 때면 직원들이 행복하고 우렁찬 목소리로 인사했다.

"월마트 여왕님께서 입장하십니다!"

월마트는 마지에게 공동체 의식을 느끼게 했다. 언뜻 보기에는 인위적이었지만, 손님맞이 직원들은 본능적으로 개방형 질문을 하고 능동적 탐구를 했다.

"오늘 아침은 기분이 어떠세요?"
"오늘은 어떻게 보내실 거예요?"

이 질문들은 손님에게 환영받는 느낌을 주기 위해 의도한 문장들이었다. 하지만 매일매일 여러 해 동안 이곳에 갔던 마지에게 이런 진심어린 질문들이 쌓여 진정한 인간관계가 형성

됐다. 뻔한 질문처럼 보이지만 대화를 시작하게 하는 진실한 초대장이었다. 그들은 마지에게 어떤 형식적인 대답도 기대하지 않고 순수하게 환영했다.

시간이 흐르며, 그녀는 많은 손님맞이 직원과 진심으로 이야기하며 서로 아끼게 됐다. 2장에 나오는 요양원 거주민과 자산관리인의 관계와 아주 비슷한 경우다.

마지는 월마트가 자신의 구역이라고 느끼게 되자 자꾸 방문하고 싶어졌다. 그리고 계속 방문하려면 어떻게 해야 할까? 돈을 써야 한다. 저임금 직원들이 순수한 인성과 친절로 자신도 모르는 사이 미국에서 가장 큰 기업인 월마트에 또 다른 단골을 만든 것이다.

월마트는 마지에게 소속감을 줬고, 그녀가 매일 아침 처음으로 마주하는 건 직원들의 얼굴이었다. 다만 몰랐던 건 인사를 주고받던 사람들이 곧 실직하거나 다른 자리로 간다는 점이었다.

2016년 회사는 손님맞이 직원의 역할과 책임을 재구성하기 시작했다. 이중 다수는 신체나 정신적인 장애가 있는 사람들이었다. 월마트는 손님맞이 직원을 안내 직원으로 대체하려 했고, 회사에서 정한 기준이 있었다.

"안내 직원은 11킬로그램을 들 수 있어야 하며, 청소하고, 카트를 모으고, 장시간 서 있을 수 있어야 한다."

이런 기준은 신체, 언어, 인지 장애가 있는 사람들이 통과하기에 어려웠다. 손님맞이 직원 다수는 자신들이 새로운 정책의 표적이 됐다는 걸 깨달았고, 좋아하는 일자리를 잃을까 두려워했다.

월마트는 새로운 정책이 장애우 직원들에게 불리하게 작용한다는 걸 인정하면서도, 입구에서 고객들에게 그저 많은 서비스를 제공하는 쪽을 택했다. 한 기자는 이 상황을 이렇게 보도했다.

"월마트가 가장 큰 경쟁자인 아마존과 점유율 경쟁을 하면서 소매업자들에게 가격 하락의 압박을 가했다."

과거 2005년에 모든 직책에 신체활동 능력을 요구하고 건강한 인력을 고용해야 증가하는 건강보험료를 줄일 수 있다는 내부문서가 유출된 적이 있었다.

장애우 노동자의 건강보험이 그렇게 큰 부담이었을까?

월마트는 처음부터 이상한 임금 정책을 가지고 있었다. 월마트 관계자의 표준 평균 시급은 14.26달러다. 반면 2018년 월마트 CEO는 2,400만 달러의 연봉을 받았다. 시급으로 계산하면 1만 1,538달러로 임금을 가장 적게 받는 직원보다 700배 이상 많았다.

외부인의 입장에서 월마트의 수익을 보면 시급이 가장 적은 직원의 시급을 더 올려줘야 한다는 생각이 든다. 월마트는 〈포춘 500〉의 최상위권 기업일 뿐만 아니라, 기업의 본사와 유통센터, 대형 마트에 150만 명의 직원이 있는 미국에서 가장 큰 민간 고용 기업이다. 2019년에는 연 매출 약 5,150억 달러를 발표했다.

손님맞이 프로그램의 철폐는 마지와 지역사회, 그리고 일에 대한 의미와 목적을 가졌던 장애우들에게 모두 손해였다.

*
* *

월마트는 손님맞이 프로그램을 없앰으로써 얼마나 많은 돈을 아끼게 됐을까?

직원들의 사기 저하와 기업의 평판 하락(손님맞이 직원에 대한 형편없는 대우로 언론의 뭇매를 맞았다)을 감내할 만한 금액이 얼마인지는 계산하기 어렵다. 그리고 눈곱만큼의 이익을 얻기 위해 장애우 노동자쯤은 희생하겠다는 의지를 보여줌으로써 스스로 도덕성을 갉아먹었다.

월마트는 비용절감이 아니라 더 큰 손해를 봤을 수도 있다. 마지 같은 충성스러운 고객들이 더 친절한 소매가게에서 쇼핑하기 시작했을 수 있기 때문이다.

일부 기업들은 숫자가 가장 중요하다는 잘못된 태도를 가지고 있다. 그리고 여기에 반대하면 '사업은 원래 이렇게 하는 것'이라는 개념으로 맞선다. 하지만 이런 사고방식은 마크의 충격적인 해고와 마지의 공동체 상실에서 봤듯이 무의미하고 불필요한 잔인함을 낳는다.

Socrates' way of thinking

월마트가 손님맞이 프로그램을 유지하거나 확장했다면
정말 손해를 봤을까?
마크를 고장 난 스테이플러 취급한 게
정말 FMF 라이프에게 도움이 됐을까?

이런 기업의 운영방법은 사업 성공의 지표를 단순히 이익 창출에 두었기
때문이다. 진정으로 기업을 성장시키는 방법이 무엇인지 장기적인 관점
으로 생각해야 한다.

Think Talk Create

6장

숫자만 따지는 것이
왜 위험할까?

Unsafety in Numbers

문제를 해결할 때, 숫자로 판단하는 것이 정당한가?
왜 품위 있고, 지역사회의 기둥 역할을 하며,
내 가족을 사랑하고, 자선의 표준이 되는 사람들이
사무실에만 들어서면 구시대의 악덕 자본가처럼 행동할까?

지난 백 년 동안 정책은 밀물과 썰물처럼 변해 왔다. 규제와 개혁이 되는가 싶더니, 다시 규제 완화와 자유방임주의가 되돌아왔다. 1970년대에 시작된 개념적 혁명은 아직 끝나려면 멀었고, 우리는 여기에 사로잡혀 있다. 더 높은 공유 가치를 얻기 위한 사회적 투쟁을 벌여야 한다.

현대의 위기를 자세히 묘사하기 전에 이익실현을 성공의 유일하고 절대적인 척도로 떠받드는 경우를 알아보자.

숫자 이면에 숨겨진 사망자 수

개발도상국의 성인과 아이들이 초라한 임금을 받고 끔찍한 환경에서 위험한 일을 하는 노동력 착취 문제에 대한 경각심이 커지고 있다.

그런데, 미국의 중심부에 있는 정육 공장이나 아마존 물류 센터 같은 곳에서 일하는 노동자들의 현실도 비슷하다. 업튼 싱클레어*Upton Sinclair*의 《정글》(20세기 초반 미국 정육산업의 부패함과 노동계층의 어려움을 그려낸 작품)을 떠올리게 한다.

팬데믹은 현장의 위험성을 훨씬 심각하게 만들었다. 노동자들이 "일이냐, 목숨이냐"의 딜레마에 직면했는데, 고용주들은 규정 준수를 명목으로 고용을 반으로 줄여버렸다.

예를 들면, 경제가 어려울 때 많은 일자리를 제공해왔던 아마존도 기업의 수익이 치솟았지만, 2020년 4월에는 안전이라는 명분으로 많은 직원을 해고했다. 아마존은 해고에 정당한 사유를 발표하기도 했다. 하지만 끝없이 성장하는 기업의 매출액은 직원의 건강을 보호하고 팬데믹의 지역사회 확산을 방지하고도 남을 만큼 많아 보였다.

전염병으로 생긴 극한 상황의 유일한 장점이 있다. 부족한 사회안전망과, 빡빡한 경제사정으로 일자리를 구해야만 했던 사람들과, 기업의 탐욕이 만들어온 비인격적인 근무환경에 대해 경각심이 생겼다는 사실이다.

사실 이런 착취의 역사는 수천 년 전부터 이어져왔다. 20세기 초에 미국에서는 더 위험한 일터가 생겨났다. 당시 근무자들은 맨해튼의 공장에 오전 7시까지 출근해서 단 30분만 점심시간을 갖고, 오후 8시가 넘어서야 집에 돌아갔다. 하루에 1달러가 안 되는 임금을 받으며 일요일부터 토요일까지 일했다. 현장의 공기와 위생이 너무 안 좋았는데, 이민노동자들의 착취를 조사하는 공무원들조차 병에 걸리는 일이 간혹 발생할 정도였다. 한 개혁가는 당시를 이렇게 회상했다.

"엄마와 어린 소년과 소녀들이 함께 창문 하나도 없는 방에서 일주일 내내 햇빛도 못 보고 일했다."

한 시찰 공무원이 7살도 안 된 아이를 노동자로 고용한 공장 소유주를 고발한 적이 있다. 그러자 공장의 임원들은 고소 내용을 완강히 부인했다. 그리고 조사관들을 공장으로 안내해 모든 게 올바로 돌아가고 있으며, 높은 윤리 기준을 따르고 있다는 걸 입증하려 했다. 조사관들이 만족스럽게 시찰하고 떠날 준비를 하고 있었는데, 한 공무원이 실수로 엘리베이터 버튼을 잘못 눌렀다. 문이 열렸고, 7살도 안 된 어린아이들이 작은 객실에 가득 들어찬 모습을 목격했다. 공장 측에서 아동 착취를 숨기기 위해 아이들을 다른 층에 몰아넣었던 것이다.

한편, 1911년 3월 워싱턴 스퀘어 공원을 내려다보고 있는 빌딩의 8~10층에 자리한 트라이앵글 셔츠웨이스트 공장에 비극이 일어나지 않았다면, 이렇게 뒤늦은 소규모 조사조차 절대로 진행되지 않았을 것이다.

case 트라이앵글 셔츠웨이스트 공장 화재
: 근무환경이 열악하면 돈이 절약될까?

당시 셔츠웨이스트는 편안한 블라우스로 인기가 많았다. 특별한 기술이 없는 노동자들도 만들 수 있어 대량으로 생산하기에 적합했다. 그래서 매일 엘리스섬을 통해 미국에 도착한 빈곤한 이민자들이 아메리칸드림을 이루기 위해 이런 공장들로 향했다.

1911년 당시, 트라이앵글 셔츠웨이스트 공장은 세면시설이 부족했고, 화장실을 쓰려면 건물 밖으로 나가야만 했다. 하지만 공장 경영진은 이런 행동조차 작업에 방해된다고 생각해서 싫어했다. 결국, 원활한 생산을 한다는 구실로 작업 중에 철문을 잠그기 시작했다. 열쇠는 공장 감독관 혼자만 관리했다.

3월 25일 토요일, 10층에서 일하던 한 직원이 담배에 불을 붙인 뒤 성냥불을 대충 흔들어 끄고 쓰레기 더미 사이로 던졌다. 성냥불에는 불씨가 남은 상태였고, 1분도 지나지 않아 불꽃이 방 안을 집어삼켰다. 겁에 질린 노동자들은 출구로 향했으나 문이 잠겨 있었다. 감독관을 찾아 공장 모든 층의 문을 여는 건 불가능했다. 공장 바닥에 있던 마른 나무와 자투리천들이 기름처럼 타올랐다.

그들을 가두고 있는 무거운 철제 바리케이드에 500명의 사람이 미친 듯이 달려들자, 일부 노동자들은 깔려 죽기도 했다. 어떤 사람들은 독성의 공기마저 열과 연기로 증발해 버리자 질식사했다. 절박해진 몇몇 사람이 유리창을 깨자 불꽃은 더 강해졌다. 깨진 유리 사이로 도움을 요청해봤지만 뛰어내릴지 아니면 타죽을지 결정해야 할 뿐이었다.

"도로와 쇠창살에 으스러지고 찢긴 시체가 널브러졌다."

겁에 질린 목격자들은 수십 명의 시신을 봐야 했는데, 일부는 겨우 15살 정도 나이였다. 성냥이 바닥에 떨어진 지 20분 뒤 소방관들이 불길을 잡았지만, 146명이 죽고 수백 명이 화상을 입었다.

트라이앵글 직원들을 위한 합동 장례식에는 35만 명 이상이 참석했다. 많은 사람들은 참사의 원인이 화장실 가는 시간을 줄이기 위해서 철문을 잠겼기 때문이었다는 사실을 알지 못했다.

산업현장의 비극이 계속 생기면서 마지못해 개혁이 일어났다. 그러나 1차 세계대전의 발발로 인해 그마저도 중단됐다. 그리고 광란의 20년대(미국에 활기가 넘치던 1920~29년 사이)로 알려진 시대에 캘빈 쿨리지*Calvin Coolidge* 대통령은 이렇게 선언했다.

"미국이 해야 할 일은 사업이다."

그 뒤로 이어진 주식 시장의 붕괴, 대공황, 2차 세계대전과 연방정부의 규제, 노조의 성장을 통해 일터의 모습이 조금씩 바뀌어갔다.

트라이앵글 셔츠웨이스트 공장 화재 이후 사람들은 이런 비극이 반복되는 걸 예방하기 위해 근무환경을 수없이 개선했다. 노동자의 안전과 안녕은 전보다 중요해졌고, 많은 조직의 대표들이 책임감 있는 태도를 보이기 시작했다.

그동안 미국에서 일어난 노동운동은 개혁과 개선을 불러일으켰다. 하지만 현대 기업의 태도는 1911년보다 모호하게 변해가고 있다. 예를 들어, 2018년 아마존은 기업의 최저 시급을

15달러로 인상하는 대신, 수천 명의 하위 직책 직원들에게 회사 주식을 주던 관행을 중단했다. 〈뉴욕타임스〉는 아마존의 이런 행보를 이렇게 보도했다.

"아마존은 직원들이 자사의 주식을 소유함으로써 이익을 얻고 부자가 되는 가장 직접적이고 좋은 방법을 막았다."

*
**

2차 세계대전 이후 산업이 확장하고 번영하면서 '위즈 키즈'라고 알려진 정량적인 사고방식의 관리자들이 새로 등장했다. 이중 대표적인 인물은 포드의 사장 로버트 맥나마라*Robert McNamara*다. 그는 존 F. 케네디와 린든 B. 존슨 정권 당시 국방장관까지 역임했다.

이때는 미국이 베트남에서 영향력을 키우던 시기로, 맥나마라는 공공정책에 체계적인 분석방법을 도입했다. 미국의 개입은 커졌지만 진척이 없었다. 공산주의의 확산을 막는다는 모호한 개념을 제외하면, 국가의 목표는 젊은이들을 죽음으로 내몬 정글만큼이나 어두컴컴했다. 그래서 전사자의 숫자로 전쟁의 진행상황을 수치화하는 방법을 도입했다. 적의 시체를 많이 쌓아올릴수록 승산이 더 높아진다고 주장했다(증거에 기초한 전쟁으로 분류된다).

이는 "수색하고 파괴하라"는 터무니없는 전술로 이어졌다. 군인과 해병대는 목적 없이 정글을 떠돌며 적과 교전을 벌이고 시체를 쌓아올렸다. 수천 명의 의미 없는 죽음은 전쟁 반대 여론에 불을 붙여 존슨 대통령을 끌어내리고 나라를 분열시켰다.

하지만 정량적인 분석법은 이제 시작이었다. 베트남 전쟁이 끝나갈 무렵에 개인 컴퓨터 혁명의 서막이 올랐다. 경영 석사의 손에 스프레드시트를 쥐여주고, 이들을 계산 선수로 바꾸며 업무의 본질을 완전히 바꿔 버렸다.

1970년대에는 전쟁 반대, '사랑과 평화'라는 60년대의 공동체 정신이 조금씩 사라졌다. 아이들이 투덜거리고 어른들이 권위적인 모습을 되찾았다. 워터게이트, 석유 파동, 국제 테러, 뉴욕과 다른 지방자치 단체의 재정 붕괴, 인플레이션의 발생도 동요를 일으켰다. 계산적이고 이기적인 철면피 같은 태도에 놀라울 만큼 매료됐다.

미래가 창창한 젊은이들이 경영대학원에 몰렸고, 미국이라는 기업도 모든 걸 걸었다. 70년대가 끝날 무렵 지방세에 제한이 생겼고, 사회복지 사업의 축소가 필요해졌다. 축소되는 사업에는 정신건강 문제도 포함돼 있었다.

이때 로널드 레이건이 나타나 노조를 와해하며 정부 규제를 되돌렸고, BMW에 "장난감을 가장 많이 가지고 죽는 자가 이긴다"는 스티커를 붙이고 다니는 여피족(도시의 젊은 전문직 종사자)이 나타났다. 그 시대가 끝날 무렵 대중이 가장 열광한 사람은 위대한 과학자도 예술가도 인도주의자도 아닌 월스트리트에 있는 '지배자들'이었다.

영화 〈월 스트리트〉에 등장하는 기업사냥꾼 '고든 게코'(마이클 더글러스가 연기함)는 "탐욕은 좋은 것"이라는 악명 높은 대사로 시대를 요약했다. 하지만 탐욕은 좋지 않다. 탐욕은 살인도 한다.

case 비인간화되어 가는 자본주의 사상
: '수익률이 최고'라는 속이 뻔히 보이는 개념

사업에서 수익을 최우선으로 생각하는 개념은 시카고대학교의 경제학자 밀턴 프리드먼*Milton Friedman*이 다졌다. 응용수학 경제학의 선구자인 프리드먼은 1970년에 "기업의 사회적 책임은 수익의 증가다"라는 제목으로 노골적인 글을 썼다.

일터에서 개인은 주주 혹은 대리인 둘 중 하나다. 기업에서 주주는 사업의 주인이며 대리인은 CEO다. 프리드먼은 CEO가 주주의 바람대로만 행동해야 할 책임이 있다고 주장했다. 그러면 대리인의 의무는 "사회의 기본적인 규칙 내에서 가능한 많은 돈을 버는 것"이 된다. 이 의무는 너무나 엄격해 '사회 적 양심'을 말하는 사업가를 '순수하고 완벽한 사회주의' 옹호 자로 만들어 버린다. 또한, CEO는 주주의 가치를 높이지 못하 면 행동주의 투자자에게 고소당할 수도 있다. 프리드먼은 이 렇게 말했다.

> "기업의 사회적 책임은 단 하나다.
> 게임의 규칙을 지키는 내에서
> 정해진 대로 자원을 쓰고 활동해 수익을 늘려야 한다."

이후 캘빈 쿨리지 대통령이 아인 랜드*Ayn Rand*의 영향을 받 아 똑같이 반복했다. 또한, 다윈 자본주의로의 복귀를 지지하 는 프리드먼의 견해가 경제학부, 특히 경영대학원 사이에서 퍼져나가기 시작했다. 프리드먼에게 영향을 받은 전문경영대 학원 학생들이 기업에서 임원이 되자, 이번엔 회사들이 광범 위하게 프리드먼의 생각을 받아들였다.

하버드 경영대학원의 교수 마이클 젠슨*Michael Jensen*은 프 리드먼의 생각을 확립하는 중요한 글을 썼다. 이 글은 기업들 의 정량적 사고방식에 찬성했을 뿐 아니라, 고위 임원들에게 거부할 수 없는 유혹(또한 의무감)을 줬다. 1990년 발표된 이 글의 제목은 다음과 같다.

"CEO의 인센티브는 얼마냐가 중요한 게 아니다. 어떻게 지불하느냐가 중요하다."

많은 주주들은 이 잘못된 인식을 활용해 확실한 보상을 얻고자 했다. 모든 기업의 유일한 목표는 주인을 최대한 부자로 만드는 것이라는 프리드먼의 믿음을 기반으로, 젠슨은 CEO의 안정적인 임금은 기업의 성과를 장려하지 못한다고 주장했다.

"CEO가 공무원처럼 돈을 받으면 공무원처럼 일하게 된다."

회사의 경영진이 정량적 모델을 사용해 기업의 소유자들과 이익을 공유해야 한다고도 주장했다. 그는 관료적인 CEO들에게 고정된 급여가 아닌 상당량의 회사 주식을 줌으로써 가치를 최대화하는 사업가로 변모시키려 했다. 주주들이 성공해야 CEO가 성공하는 방식이다.

1978년에서 2018년 사이 평균 노동자의 보수는 겨우 12퍼센트가 올랐지만, CEO의 보수는 940퍼센트나 뛰어올랐다. 경제적 불균형이 하늘을 찌른다. 미국이 2차 세계대전을 지나 역사상 가장 놀랍게 번영하도록 만든 공동의 목표의식이 해체되고, 폐쇄적인 공동체, 빈부격차, 중산층의 종말로 대체됐다. 심지어 일부 투자자와 투자 감시자들은 경영자들이 성과급을 지나치게 이용한다고 규탄하는 지경이 되었다.

2020년 6월 방위산업체 레이테온 테크놀로지스는 CEO 그레고리 하예스*Gregory J. Hayes*에게 약 1,250만 달러의 급여를 준 사실이 유출돼 비난을 받았다. 당시 레이테온은 직원들의 급여를 10퍼센트 삭감하고 수천 명을 일시 해고한 상황이었다.

한 달 뒤, 맥도날드는 전 CEO 스티브 이스터브룩*Steve Easterbrook*이 받은 4,000만 달러 이상의 퇴직금 중에서 일부를 회수하기 위해 그를 고소했다. 이는 디즈니의 주주들이 CEO 마이클 오비츠*Michael Ovitz*를 퇴출한 뒤, 그가 겨우 14개월만 일하고 받은 1억 4,000만 달러의 퇴직금을 회수하기 위해 벌인 소송 이후 가장 큰 분쟁이었다.

하지만 여전히 경영자들의 머릿속에는 프리드먼의 사상이 춤추고 있다. 많은 CEO가 단기 수익만 확실하게 만든다면 자기 욕심을 채우는 게 당연하다는 태도를 유지한다. 또 많은 이사진도 비슷하게 보수를 받는 임원으로 구성돼, 소비자들에게 높은 가격을 전가하는 심히 불공평한 체제를 유지하며 자기 잇속만 차리고 있다.

여기에, 투자 수익률이 기업 성과의 유일한 지표가 되면서 많은 대표가 사업의 모든 면에서 발생하는 인간적인 문제들을 정량적인 방법으로 해결하기 시작했다. 사장의 호화로운 생활을 위해 너무 많은 곳에서 노동자들이 희생됐을 뿐 아니라 업무가 영혼이 없는 지루한 숫자 놀이로 변해 버렸다.

*
* *

뜻밖에도 프리드먼과 젠슨의 학설은 '이성적인 분석이 사회가 부드럽게 기능하는 핵심'이라고 주장한 하버드대학교 존 롤스*John Rawls*의 지지를 얻는다.

롤스는 1971년 《정의론》에서 "모든 도덕적 판단은 비이성적인 감정을 제거하고 공정에 관한 철저한 이성적 분석으로 대체해야 한다"고 썼다. 롤스는 사람들이 사회적 합의를 증진하는 결정을 내리기 위해 개인적이고 감정적인 모든 것을 배제하는 '무지의 베일' 뒤에 있어야 한다고 했다.

하지만 영화 〈스타 트렉〉의 등장인물 '스팍' 같은 감정의 마비는 확실히 문제가 있다. 우리의 유일한 사회적 책임이 투자자를 위해 돈을 최대한 많이 버는 일이라고 생각한다면 더욱 그렇다.

물론, 단지 루빅큐브를 맞추는 게 목표라면 감정을 마비시키고 큐브를 맞추다가 생길 수 있는 불안요소를 없애는 게 유리하다. 감정적으로 침착해지면 명확하고 전략적인 태도로 문제를 해결하는 데만 집중할 수 있다. 마찬가지로 테니스에서

서브를 넣거나 심장 개복수술을 할 때도 침착하고 여유로운 마음을 가지는 게 좋다.

하지만 다른 사람과 협업할 때나 좋은 성과를 내도록 영감을 줄 때 초이성적으로 감정적인 거리감을 만들면 행동경제학, 사회심리학, 진화생물학, 그리고 상식까지 모두 부정하게 된다.

심리학자 칼리나 크리스토프*Kalina Christoff*는 학술지 〈첨단 인간 신경과학〉를 통해 프리드먼-젠슨-롤스의 접근법을 사람 간의 상호작용에 적용하는 게 얼마나 잘못된 일인지 많은 증거들로 증명했다. 크리스토프는 비인간화가 인간의 사고를 파괴하는 모습을 분명하게 설명한다.

"사람은 물건이나 도구 취급을 받거나 혹은 감정능력이 부족해 기계적으로 비인간화될 때 '인지 해체' 상태에 이른다. 또렷한 생각이 줄어들고, 감정이 마비되며, 인지적으로 경직되고, 참된 사고가 사라진다."

크리스토프는 감정의 결여를 문제시하고, 서로 존중과 품위로 대하는 태도를 극찬했다. 그리고 "공감은 문제해결에 꼭 필요하며, 타인의 정신 상태를 추측하는 데 필수적인 요소다"라고 했다.

무심하고, 비인간적이며, 지나치게 정량적인 전문성은 사업을 수행하는 하나의 방법일 뿐이다. 우리는 역사적으로 일부 기업이 악역을 자처하는 모습을 많이 봐왔지만, 그게 사업의 올바른 방법이라고 할 만한 증거는 없다. 많은 방법의 하나일 뿐이며 좋은 방법이 아니다.

이제 기업들은 더 계몽적인 자본주의에 뿌리를 둔 새로운 사업 모델을 도입하기 위해 애쓰고 있다.

case 페덱스의 살인적인 배송
: 직원의 안전과 수익 사이의 균형은?

페덱스는 수십억 달러 가치가 있으며 세계에서 가장 큰 항공운송 기업이다. 테네시주 멤피스에 본사를 두고 있는데, 도심 외곽에 있는 공항을 '월드 허브' 물류센터로 사용한다. 이곳은 미국 국내 및 국제 운항의 많은 부분을 담당한다. 월드 허브는 매일 200회의 운항이 있으며 매일 밤 150만 개 이상의 화물을 옮긴다. 페덱스는 전 세계에 40만 명 이상의 직원이 있으며, 멤피스 지역에는 3만 명(공항에 1만 1,000명 포함) 이상을 안정적이고 좋은 급여로 고용했다.

2018년 페덱스는 광활하고 방대한 물류망을 지원하기 위해 10억 달러를 투자해 월드 허브를 업그레이드했다. 멤피스가 앞으로 수십 년 동안 미국에서 가장 중요한 항공 운송지로 남을 거라 확신했다. 페덱스는 지역사회에 많은 일자리와 경제적 안정을 가져온 요긴한 기업이라 할 수 있다.

몇 년 동안 페덱스의 연간 수입은 60억 달러를 넘겼다. 2004년에는 이 지역의 지배력을 과시하기 위해 시내에 있는 1만 8,000석 규모의 경기장(페덱스 포럼)을 9,200만 달러에 사들였다. NBA팀 멤피스 그리즐리스의 홈구장이자 스타들이 대규모 콘서트를 열어 헤드라인을 장식하는 장소다.

자랑스러운 현지 기업인 페덱스는 〈포춘 500〉에 이름을 올린 3개의 현지 기업(다른 두 기업은 인터내셔널 페이퍼와 오토존) 중 하나로 멤피스에서 압도적으로 많은 직원을 고용하고 있다.

또한, 엄청난 항공운송 경쟁사들(UPS, DHL)과 발맞춰, 대중과 기업들이 소통하는 방식과 상품을 배송하는 방법을 혁신해왔다. 지구촌의 성장에 긍정적으로 큰 영향을 미쳤다. 그리고 2018년에는 〈포춘〉지에 최고의 고용주 중 하나로 이름을 올렸다.

*
* *

최고의 기업이라도 꾸준히 발전하려면 생각, 대화, 창조 같은 방법론이 필요하다. 페덱스의 정교한 첨단기계는 놀라운 수준의 효율성을 발휘하고 안전한 작업장을 제공해왔다. 하지만 기기의 문어발식 도입은 필연적으로 위험한 상황을 만든다. 수많은 비행기와 엄청난 양의 기계들이 쉼 없이 돌아가면 사고가 생기기 마련이다. 거의 모든 현대의 기업처럼, 페덱스는 직원 안전의 위험과 수익 사이에서 어떻게 균형을 맞출지 고심 중이다.

지난 몇 년간 공항 허브에서 일하는 페덱스 직원 몇 명이 업무와 관련된 사고로 목숨을 잃었다. 미국 직업안전보건국 OSHA은 해당 기간에 페덱스가 작업장 안전규정을 지키지 않은 점에 대해 여러 차례 조사하고 벌금을 부과했다.

그 예로, 2015년 화물 예인차 운전자가 자신이 끌고 가던 짐이 실린 수레와 충돌하는 사고가 났다. 직업 안전 감독을 책임지는 테네시주 기관인 TOSHA는 이 사고를 조사한 뒤 "페덱스가 예인차 운전자가 운전 중 허리에 벨트를 적절히 맸는지 확인하지 않아 일어난 사고"라고 결론 내렸다. 당국은 페덱스가 직원을 업무 중 생길 수 있는 사고로부터 보호해야 한다는 정부 안전 규정을 심각하게 어겼다고 판단했다.

그리고 2017년 연말에는 직원 한 명이 모터 이동식 컨베이어 벨트 시스템 밑에 사망한 채로 발견됐다. 이 여성은 다른 직원이 문제를 깨닫기 전까지 약 24미터를 끌려갔다. 그녀의 가족은 2018년 페덱스를 상대로 300만 달러의 소송을 제기했다. 몇 년 전에도 같은 종류의 기계에서 사망사고가 일어난 이력이 있었다.

이런 형태의 시설에서 모든 직원의 안전을 완전히 보장할 수는 없다. 하지만, 최근 몇 년간 페덱스에서 증가하고 있는 사망자 수는 분명 문제가 있다. 이런 사망사고들이 페덱스가 화물을 점점 더 저비용 고효율로 처리하는 것과 직접적으로 연관되어 있다고 법정에서 증명하기는 어렵다. 그렇다고 해도, 현장의 사망사고 이후 직원의 안전과 기업의 이윤추구 사이에서 어떻게 균형을 맞출지 포괄적으로 묻는 건 타당하다.

페덱스는 최대한 안전한 장비를 구입하고, 직원들에게 적절한 운영방법을 교육하고, 직원들이 직무를 수행할 때 기민한 상태를 유지하도록 충분한 휴식을 취하게 할 재정적인 능력이 있다.

일터에 생각, 대화, 창조 공식을 도입해 얻을 수 있는 많은 장점 중 하나는 직원에게 안전상 문제를 타당하게 제기할 여유를 주고, 그 우려를 들어준다고 믿게 만든다는 점이다. 이는 페덱스처럼 성공을 위해 새로운 최고의 전략을 도입하면서 직원의 안전까지 지켜야 하는 기업들에게 중요한 과제다.

페덱스는 한때 다른 많은 기업과 마찬가지로, 자사 직원들이 주요 안전 문제에 관해 보낸 충고성 메시지나 혐의 제기로 어려움을 겪었다. 예를 들어, 월드 허브 시설의 안전기준은 페덱스 비행기들의 안전까지 포함한다. 이때 페덱스는 안전에 관한 우려를 표하고 미국 연방항공국FAA의 규정 위반 문제를 제기한 직원들에게 보복했다는 의심이 제기됐다. 이와 관련된 내부고발이 2018년 11월에 밝혀졌다. 로스엔젤레스의 NBC 뉴스는 이렇게 보도했다.

> "페덱스의 로스엔젤레스 국제공항 전 직원 한 명과 현 직원 두 명은 회사가 안전 대신 이윤을 위해 비행기를 FAA의 안전규정에 맞춰 관리하지 않았다고 보고했다. 이후 이 거대 항공운송사로부터 징계를 받았고, 이것이 잘못됐다는 배심원의 판결이 내려져 수백만 달러를 보상받게 됐다."

페덱스는 직원들이 자신의 생각과 우려를 공개적으로 표현하지 못하게 했다. 페덱스는 이 헛발질로 인해 재정적으로, 또 평판에 있어서 많은 대가를 치렀다.

페덱스는 업그레이드된 월드 허브와 다른 혁신들로 직원의 안전을 증진했다고 홍보해왔다. 하지만 주주에 대한 신탁 의무로 재정적 문제가 꾸준히 발생하고 있어, OSHA나 FAA 같은 규제국의 면밀한 관찰이 필요하다. 스스로 활발하게 규제하고, 안전하고 인간적인 일터를 만들기 위해 지속적으로 투자하는 게 좋다.

최근 직원들의 사망사고를 돌이켜보고 기업 임원들은 능동적 탐구와 생각, 대화, 창조 과정을 도입해야 한다. 자신과 동료들에게 부정적인 여론, 소송, 벌금을 피하고 뛰어난 인재를 모으고 유지하려면 기업이 무엇을 해야 하는지 스스로 질문을 던져야 한다. 또 무엇보다 사람들을 품위 있게 대하고 옳은 일을 위해 싸우는 유익한 대기업이 되는 방법을 찾아야 한다.

몇 년간 페덱스는 운전자들을 직원이 아닌 계약직으로 고용했다. 이는 정규직 직원들에게 일반적으로 제공하는 건강보험이나 다른 복지혜택을 주지 않으려는 관행이었다(야근 수당, 퇴직금, 실업보험 등).

2014년 페덱스는 이런 규정들로 인해 오랫동안 운전자들에게 완전 고용과 복지혜택을 보장해온 UPS와 비교되며 공격을 받았다. 작은 소포들을 가정이나 사업장에 배송하는 부서인 페덱스 그라운드는 3만 명의 직원을 계약직으로 쓰다가 소송을 당해 마지못해 변화를 택했다.

페덱스의 관행은 운전기사들과 주 법무부장관이 시작한 소송으로 인해 막을 내렸다. 직원들이 더 나은 조건을 얻었다고 모든 게 개선된 건 아니다. 페덱스는 일부 일자리를 외부업체에 외주로 줬고, 이들은 운전자를 계약직으로 고용했다.

우리는 600억 달러짜리 기업이 직원들에게 복지혜택을 제대로 제공하지 않았을 때 어떤 문제가 생길지 생각해봐야 한다. 장기적으로 사업에 얼마나 도움이 되겠는가? 세계의 모든 기업이 능동적으로 탐구해볼 시기가 무르익었다.

*
**

페덱스에는 다른 문제도 생겼다. 2018년 1월 어느 추운 밤, 페덱스의 운전기사가 일리노이주 이스트멀린에 있는 페덱스 플라이트 배송센터 외부에서 사망했다. 극소용돌이가 이 지역을 덮쳤는데 돌풍까지 불어 영하 33도를 기록했다. 이런 상황이라면 아무도 외출해선 안 된다. 미국 우체국은 1월 30일과 31일 이 지역 배송을 취소했고, 직원들은 실내에서 우편물을 분류했다.

그런데 이스트멀린에 있던 69세의 페덱스 직원은 어떤 이유에서인지 위험한 날씨에 실외 업무를 했다. 검시관은 그가 추락으로 인한 외상성 머리손상으로 사망했다고 판단했다. 그는 배송센터 외부에 있는 두 대의 세미트레일러 사이에서 사망했고, 몇 시간이 지나서야 발견됐다.

페덱스 플라이트 운전기사의 죽음은 그가 왜 극소용돌이가 한창일 때 일을 했는지 등 여러 의문을 자아냈다. 배송센터가 문을 닫았는데, 직원이 현장에서 사망한 것이다. 그날 밤 페덱스 운전기사는 이스트멀린에서 어떤 업무도 해선 안 됐다.

이 비극적인 이야기는 능동적으로 탐구해볼 기회가 된다.

"작업장의 안전을 꼭 지켜야 하는 기업들이 직원을 보호하면서
높은 수익을 올리려면 어떤 과정을 밟아야 할까?"

이 중요한 개방형 질문은 생각, 대화, 창조의 과정을 통해 해결할 수 있다. 기업들은 직원들이 현장의 위험을 어떻게 관리할지 직접 찾아보고 실행하게 해줘야 한다.

업무가 아무리 바쁘고 힘들더라도 일과에 휴식시간을 의무적으로 넣으면 된다. 심리적 안정감의 철칙에 따라 대화를 자주 나누면 진짜 위험을 늦기 전에 발견하고 알리는 비율이 높아진다. 조직의 모든 계층에서 대화가 진행되면 기업이 안전하고 수익성 좋은 새로운 방법을 꾸준히 도입할 힘이 생긴다.

중요한 건 페덱스만 이런 문제를 겪는 게 아니라는 사실이다. 극도의 추위뿐 아니라 숨막히는 더위로 인해 목숨을 잃은 다른 거대 항공사 직원도 있다. 오랫동안 운전기사들에게 완전 고용을 제시해온 UPS도 직원을 대하는 데 있어 그들만의 문제를 가지고 있었다.

2016년 UPS의 한 운전기사는 뉴저지에서 맹렬히 더운 여름날 엄청난 양의 배송업무를 하다가 목숨을 잃을 뻔했다. 열사병에 걸려 메스꺼움과 구토 증상이 나타났다. 상황이 악화돼 응급실에 갔을 때는 혈압이 심각하게 낮았고 신부전으로 목숨이 위험한 상태였다.

운전기사는 15년 경력으로 일과 중 무더위에 대처하는 방법을 알았지만(물, 시원한 타월, 휴식) 끔찍한 업무환경에 굴복하고 말았다. UPS 차량에는 짐 싣는 장소와 트럭의 화물칸에 에어컨이 없는데, 가장 더운 날에는 온도가 60도까지 올라갔다.

날씨가 꽁꽁 얼 정도로 춥더라도, 위험할 정도로 덥더라도, 아니면 적당하다고 하더라도, 거대 항공운송 기업들은 수익뿐 아니라 직원들의 건강과 안전도 함께 챙길 방법을 계속 찾아야 한다. 기업의 재정 상태와 직원의 안녕에 똑같이 집중해야 한다.

심리적인 안정 상태에서 이루어지는 대화, 능동적 탐구, 그리고 생각, 대화, 창조 과정으로 이룬 혁신들은 장기적으로 더 빛을 발한다는 점을 기억하자.

case H-E-B 고객들의 헌신
: 어떻게 고객들의 충성을 이끌어냈나?

허브차나 요가 매트를 만드는 곳이 아니더라도, 좋은 일을 하면서 사업도 잘할 수 있다는 걸 아는 기업이 있다.

텍사스와 멕시코 북부에 있는 식료품점 340여 곳에서 11만 7,000명의 직원이 근무하는 H-E-B가 그렇다. 이 회사는 샌안토니오에 본사가 있는 대형 슈퍼마켓이다. 미국에서 가장 사랑받는 회사 중 하나다. 이 기업은 가격 면에서는 월마트와 품질 면에서는 홀푸드와 경쟁하면서도 순조롭게 성장해왔다.

H-E-B는 직원들이 경력을 개발할 수 있는 관리자 집중 훈련 프로그램을 포함해 아주 진보적인 정책으로 사원들의 충성도를 높였다. 또한, 지역사회 활동도 적극적으로 동참해 회사가 있는 모든 지역에서 존경받고 있다. H-E-B는 매년 푸드뱅크에 3,000만 달러어치의 제품과 운송을 지원한다. 또 매년 나눔의 축제날에 25만 명에게 음식을 나눠주는 일을 돕는다.

이 기업은 허리케인이 자주 부는 지역에 사업을 운영하고 있어 비상사태에도 책임감을 갖고 있다. 심지어 미국 연방 재난관리청을 민망하게 만드는 수준이다. H-E-B는 허리케인 카타리나와 리타 당시 비상사태센터에서 트럭을 몰고 나와 181만 4,000킬로그램의 음식을 나눠주고 이재민들에게

100만 달러를 기부했다.

허리케인 하비 때는 직원들이 H-E-B 이동주방에서 5만 명분의 음식을 대접했고, 15만 상자의 물, 7만 5,000봉지의 얼음, 4,000개의 개와 고양이 사료까지 나눠줬다.

이에 지역주민들은 홍수가 났을 때 그들이 사랑하는 H-E-B 점포 주위에 모래주머니를 쌓아올려 피해를 막아줬다. 모든 기업이 질투할 만한 충성스러운 고객들의 헌신이었다.

다음 장에서는 프로 스포츠팀의 사례를 통해 어떻게 지역사회의 참여와 이해당사자들의 긍정적인 충성을 끌어냈는지, 또 사업적으로도 성장했는지 알아보자.

Socrates'
way of thinking

H-E-B의 정신은 CEO 찰스 벗*Charles Butt*으로부터 시작되었다. 이 회사는 100년도 더 전에 그의 할머니가 창업한 회사다.

H-E-B는 매년 다양한 자선 활동을 펼치며 고객들의 사랑을 받고 있다. 이 정신은 기업 전체에 문화로 퍼져나가 월마트의 손님맞이 직원 같은 (타인의 삶을 바꿀 수 있는) 최전선의 직원들에게도 깃들어 있다.

사회적 자본은 금융자본과 달리 수치화하기 어렵지만, 장기적으로 훨씬 더 중요하다. 고객들의 긍정적인 충성을 이끌어내기 때문이다.

Think Talk Create

7장

긍정적이고 충성스러운 고객을
모으는 법

Home Ice Is Where the Heart Is

많은 소매상과 월마트나 홈디포 같은 대형 매장들도
태풍이 부는 기간에는
상품들을 할인된 가격으로
제공해야 한다는 걸 알고 있다.

어떤 사업도 출시한 상품에 열정을 가진 고객이 없으면 시작될 수 없다. 이때 고객들은 브랜드를 대표하는 사람들과도 감정적으로 연결된다.

하지만 사업이 성숙하고 기업의 형태를 갖추면서 부서가 나뉘고 (초창기 사업에 별로 관심이 없는) 전문가들을 고용하면서 인간적인 접촉이 점점 사라진다. 결국 고객들에게 냉대받게 된다. 그러면서 수천 번의 상처가 난다. 기업은 대도시 어딘가에 숨어 있는 더 큰 수익 때문에 가장 열정적이고 기꺼이 돈을 쓸 의지를 가진 오랜 고객들을 무시하고 있다.

프로 하키팀에서도 사람에게 관심을 두어야 할 때 숫자에 정신이 팔려 길을 잃었던 대표적인 사례가 있다. 프로 하키는 언뜻 보면, 소크라테스의 문제해결법을 적용하기 힘든 분야처럼 보인다.

하지만, 프로 스포츠팀보다 브랜드에 관한 충성심과 광적인 인기 만드는 법을 잘 아는 곳이 있을까?

사람들이 얼굴에 페인트를 칠하고, 이상한 모자에 오래된 저지(유니폼의 일부)를 입고, 비싼 돈을 지불하고, 경기장 군중에 섞여 지칠 때까지 비명을 지르게 하는 상품이 또 뭐가 있을까?

북미아이스하키 아일랜더스 팀이 롱아일랜드의 골수팬들과 함께한 지난 50년의 여정은 사업의 장기적 성공요인이 된 인간의 감정에 관해 많은 것을 깨닫게 한다.

1980년대 영광의 시절을 보낸 아일랜더스는 1990년대 부패한 구단주로 인해 사라질 위기에 처했다. (그는 팀을 소유했던 짧은 기간마저 팀에 인색했고, 금융 및 텔레뱅킹 사기로 연방 교도소에 갔다.) 그리고, 차기 구단주는 간절히 원하던 새로운 구장을 건설하는 데 실패했다.

하지만 최근 팀의 구단주와 팬들, 정치인, 그리고 다른 핵심 이해관계자들이 몇 년의 고생 끝에 팀이 롱아일랜드에 남아 핵심 팬층을 더 확보할 수 있게 만들었다.

팀의 가장 어리고 열정적인 팬이었던 두 사람의 시선을 통해 아일랜더스의 새로운 성공과 희망을 엿보도록 하자.

case 북미아이스하키 아일랜더스 팀의 영광
: 어떻게 분위기를 반전시켰을까?

"내가 가봤던 장소 중에 가장 시끄러웠어!"

"대체 왜 문을 닫으려고 했던 거지?"

아이작은 놀란 가슴으로 동생 일라이아스에게 소리를 쳤다. 아일랜더스 아이스하키팀은 방금 엄청난 응원에 힘입어 놀라운 결승 골을 넣으며 3-2로 승리했다. 2018~19년 내셔널 하키 리그의 시즌 중 가장 인상적인 경기였다. 동화 같은 안방 복귀였다. 아무도 아일랜더스가 이 경기장으로 돌아오리라고 생각하지 못했다.

아일랜더스의 홈 빙판은 1972년 개장한 나소 베테랑스 메모리얼 콜리세움(참전용사 기념 경기장)이다. 이 경기장은 1917년 롱아일랜드의 공군기지인 미첼 비행장 부지에 지어졌다.

1차 세계대전이 끝난 후 미국 공군이 평온하게 운영 중이었는데, 1927년 찰스 린드버그가 미첼 비행장에서 단독으로 이륙해 최초로 대서양을 비행기로 횡단하고 파리에 착륙하며 역사책에 이름을 올렸다.

2차 세계대전이 끝난 1940년대에는 비행장 근처에 귀환한 참전 용사들과 아메리칸드림을 찾는 도시 거주자들이 모여 교외 지역사회가 갑자기 생겨났다. 1961년 미첼 비행장은 43년의 자랑스러운 임무를 마치고 문을 닫았다. 11년 후 나소 콜리세움이 문을 열었고, 2015년에 42년 만에 문을 닫았다.

지역민들이 '올드 반*old barn*(낡은 헛간)'이라 부르던 이 건물은 보수가 필요했다. 하지만 팀의 구단주는 재정적으로 복잡한 사정과 다른 이유를 들어 이사를 결정했고, 팀의 모든 홈경기를 브루클린 시내에 있는 호화로운 새 구장에서 열기로 했다.

2012년 영향력 있는 글로벌 은행의 이름을 따서 만든 바클레이스 센터는 NBA팀 브루클린 네츠의 홈으로, 가죽의자와 호화로운 스위트룸도 갖추고 있다. 바클레이스 센터는 이스트강을 사이에 두고, 세계 최고의 미디어 및 경제 허브인 맨해튼과 마주하고 있어 돈 많은 사람들이 지하철로 쉽게 방문할 수 있다. 하지만 이 호화로운 시설이 아일랜더의 핵심 팬들에게는 아무 소용이 없었다. 솔직히 말해 핫도그와 맥주에 더 관심이 많았다.

아무튼 바클레이스 센터는 대성공을 거뒀다. 1957년 다저스 야구팀이 브루클린의 심장에서 로스엔젤레스로 이사 간 뒤 브루클린에서 처음으로 프로 스포츠 경기가 열렸다. 또한, 힙합 아티스트이자 브루클린의 전설인 제이지*Jay-Z*(네츠의 일부 소유주)의 인기 콘서트를 포함해 여러 굵직한 행사도 치렀다.

수년간 '도시락' 팀이었던 아일랜더스는 최첨단 시설에서 홈경기를 펼쳐 크게 도약할 절호의 기회를 얻은 것처럼 보였다.

**
*

맨해튼에는 명성에 걸맞게 고대 로마 이후 가장 유명한 경기장인 매디슨 스퀘어 가든이 있다. 1926년 NHL(북미아이스하키 리그)의 창립부터 함께한 6개의 원년 팀 중 하나인 뉴욕 레인저스의 홈구장이다.

레인저스, 몬트리올 캐나디언스, 보스턴 브루인스, 시카고 블랙호크스는 NHL의 골리앗으로 북미에 있는 거대 금융가의 중심지에서 경기를 펼친다. 이들은 오랜 승리의 역사와 함께 오랜 수익의 역사도 가지고 있다.

기업들이 스포츠 행사에 온 고객을 즐겁게 하기 위해 막대한 돈을 쓰는 건 자연스러운 일이다. 하지만 그로 인해 티켓

가격이 상승하며 평범한 시민들은 경기를 볼 수 없게 됐다는 부정적인 면도 생겼다.

미국 중산층 가족이 함께 야구장이나 하키 링크를 찾던 추억이 점점 사라지고 있다. 수십 년에 걸쳐 소란스러운 블루칼라(육체노동자) 팬들이 내향적인 상위 중산층의 전문직 사람이나 사업가들로 천천히 바뀌었다. 응원은 예전처럼 시끄럽거나 화려하지 않다.

스카이박스(고급 관람석)에 사업차 갔는데, 경기를 볼 시간이 있겠는가?

1972년 리그에 들어온 아일랜더스는 NHL의 골리앗들 사이에 낀 다윗으로 교외에 위치한 가난한 팀이었다. 처음 몇 년은 팬층을 만들기 위해 부단히 노력했다. 당시에는 콜리세움 관람석에 아일랜더스 팬보다 레인저스 팬이 더 많이 왔다.

사람들은 홈팀이 아니라 원정팀을 응원하거나 브루인스의 바비 오어 같은 위대한 하키 선수를 보러 아일랜더스의 경기 티켓을 샀다. 큰 행사가 작은 동네에서 열려, 경기장의 위쪽은 빈 좌석이 아주 많았다.

아일랜더스는 첫 2~3년 동안 팬층이 얇은 전형적인 신생 팀이었다. 이 암울한 현실은 빌 토레이 단장(별명이 건축가)의 꾸준하고 미래지향적인 지휘 아래 아이스하키 역사상 가장 위대한 코치 중 하나인 알 아버를 선임하고, 전도유망한 선수들을 드래프트로 뽑거나 계약하며 바뀌기 시작했다.

그 결과 아일랜더스는 1975년 플레이오프에 진출할 만큼 승수를 쌓았다. 팀 분위기에 희망과 열정까지 차올랐다.

그해 봄, 아일랜더스는 두꺼운 벤치를 자랑하는 레인저스를 업셋으로(약팀이 강팀을 이기는 경우) 이기며, 첫 플레이오프 시리즈 승리를 기록했다. 갑자기 아일랜드의 모든 차들의 범퍼에 "스탠리 왕이 롱아일랜드에 행차하셨다"라는 스티커가 붙었다. 이것은 NHL의 스탠리컵 챔피언십 트로피를 의미하는 문구였다. 그리고 범퍼 스티커의 설레발은 몇 해 지나지 않아 마법처럼 현실이 됐다.

아일랜더스는 1980년 스탠리컵 챔피언십을 차지하더니 81년, 82년, 83년까지 연달아 우승하며 스포츠계를 충격에 빠뜨렸다. 아일랜더스가 우승컵을 들어올리는 사진이 〈스포츠 일러스트레이티드〉의 페이지들을 장식했다.

이제 팀은 롱아일랜드와 그곳의 저평가된 중산층, 이름 없는 작은 마을의 자존심이 됐다. 당시 팀의 우상이었던 선수 중 데니스 포트빈, 브라이언 트로티어, 마이크 보시를 포함한 여럿은 현재 NHL에서 가장 존경받는 명예의 전당 헌액자들이 됐다.

사람들은 뉴욕을 생각하면 맨해튼을 가장 먼저 떠올린다. 롱아일랜드의 교외 지역은 '세계의 수도 뉴욕'의 뒷마당으로 미국 중산층 가정의 마지막 자취만 남아 있는 곳이다.

블루칼라 노동자들이 집을 소유했고, 여전히 이웃에 누가 사는지 알고 있었다. 주민파티가 열렸고, 누군가 휴가를 떠나면 서로 우편물을 대신 받아줬다. 롱아일랜드를 가로지르는 여러 마을과 동네는 브루클린이나 맨해튼 같은 국제적인 느낌이나 감각은 부족했다. 하지만 마약 문제, 치솟는 물가, 사회 기반 시설의 붕괴 등 똑같은 문제들이 이곳까지 퍼져나왔다. 그래도 대도시의 밝은 불빛 바로 너머에 사는 사람들에게는 최소한 그들이 사랑하는 아일랜더스가 있었다.

아일랜더스가 2015년 이런저런 이유로 콜리세움을 떠나 멀고, 비인간적이며, 고급스러운 브루클린의 중심으로 가자 사람들은 충격에 빠졌다. 예전 경기장은 마을 주민들에게 차로 가까운 거리였는데, 이제는 롱아일랜드 공동체의 영혼을 빼앗는 치명상처럼 느껴졌다.

당시 11살과 9살이었던 아이작과 일라이아스 같은 아이들에게도 슬픔과 상실감을 준 순간이었다. 허접한 하키팀에 대한 사랑과 가족의 유대감은 아일랜더스에 불꽃 튀는 관심을 일으켰다.

무엇보다 그들은 보스턴 토박이였다. 아이들의 아빠는 콜리세움에 자전거를 타고 갈 수 있는 노스벨모어에서 자랐다. 로즐린이나 그레이트넥 같은 부유한 동네가 아니라 사람들이 거의 들어본 적도 없는 곳이었다.

아이들의 할머니, 할아버지는 여전히 노스벨모어에 살았는데, 콜리세움이 지어지기 한참 전인 1968년에 매입한 집이었다. 가족사, 향수, 약자의 위치, 그리고 다른 휘몰아치는 감정이 얽혀 팀과의 유대감을 끈끈하게 만들었다.

아이작과 일라이아스는 2012년에 처음 아일랜더스 경기를 관람했다. 놀랍게도 할머니의 복층 집과 콜리세움은 1970년대부터 거의 똑같은 모습으로 변함이 없었다. 어린 소년들에게는 오래된 가족의 역사만큼 변하지 않는 뭔가가 있다는 게 아주 흥미로웠다.

보스턴에 한 번씩 방문할 때마다 아이작은 아빠의 방에 있는 오래된 아일랜더스 셔츠, 배너, 연감과 기념품을 봤고, 이곳은 점점 아일랜더스의 성지로 변해갔다. 아이작은 바클레이스 센터에서 하는 기업의 박스 세일에는 관심이 없었고, 이베이에서 아일랜더스의 빈티지 기념품들을 사는 데 용돈을 쓰기 시작했다. 생일이면 항상 아일랜더스의 티켓과 기념품을 받고 싶어 했다.

두 형제는 팀이 콜롬버스, 오하이오, 피닉스, 애리조나 같은 다른 도시에서 경기하는 모습을 보기 위해 자동차 여행을 떠났다. 아일랜더스 같은 가난한 팀들은 이렇게 티켓을 팔고 수익을 올린다. 강력하게 감정을 자극하는 사업의 형태로, 사람들의 가족애와 향수, 이야기에 뿌리를 둔다.

브랜드를 성공시키는 열쇠, 행동경제학

아일랜더스 같은 스포츠팀들에게는 고객의 감정기류를 알아내는 것이 사업의 생사가 걸린 문제다. 이번 사례에서는 스포츠팬들에게 무엇이 가장 중요한지 물어보는 게 기본이다.

아이작과 일라이어스 역시 매사추세츠 병원에서 무의지증 환자가 피셔 박사의 초상화를 보고 얼마나 재미있었는지 이야기할 때처럼 감정이 차올라 분출되는 모습을 보여줬다. 이 소년들 그리고 많은 아일랜더스의 골수팬들에게 팀이 어디서 경기해야 하는지 가능한 많이 물어봐야 한다. 능동적 탐구와 행동경제학이 상호보완적으로 긴밀하게 얽히는 지점이다.

능동적 탐구는 원초적인 감정과 이성적인 소비 판단을 결합하는 중요한 기능을 한다. 고객이 중요시하는 가치에 관한 참된 대화로 행동경제학의 기반을 다지고 더 나아간다. 사람들에게 자신이 무엇을 중요하게 생각하고, 진정으로 사랑하는 게 무엇인지 개방형 질문으로 물으면 이야기가 봇물 터지듯 펼쳐진다. 그리고 상대가 내 이야기를 듣고 있으며 대접받고 있다고 느끼면 물건을 산다.

전통적인 미시경제학에서는 수십 년 동안 인간을 분석적 추론과 논리를 바탕으로 결정하고 행동하는 이성적인 존재로 가정하고, 이것을 사업의 영역에 적용했다. 하지만 이런 관점이 최근에 뒤집어졌다.

행동경제학은 브랜드를 성공적으로 구축하려면 고객과 감정적인 유대감을 형성해야 한다는 걸 연구를 통해 밝혔다. 사람들은 합리적인 숫자 계산보다 직감, 인상, 그리고 기분에 따라 구매를 결정한다.

시카고대학교 부스 경영대학원의 교수 리처드 탈러*Richard Thaler*는 사람들이 돈과 관련된 결정을 내릴 때 감정 심지어 비합리성이 얼마나 중요한 역할을 하는지 보여주는 신기원적인 연구로 2017년 노벨경제학상을 받았다.

탈러의 연구는 또 다른 노벨경제학상 수상자인 대니얼 카너먼*Daniel Kahneman*이 시작한 폭넓은 지식인 운동의 일환이었다. 그의 책《생각에 관한 생각》은 경제에서 이성과 감정의 상호작용에 관해 철저하게 기술하고 있다.

탈러와 그의 동료들은, 상점에서 가격을 결정할 때 공정의 개념이 반드시 적용되어야만 하는지 등을 연구했다. 큰 폭풍이 왔을 때 눈삽의 적정 가격을 알아보는 연구도 있다. 수요와 공급의 수량적 분석에 기초한 미시경제학에서는 큰 눈이 내린 상황이라면 상점이 가격을 올려 수입을 늘려야 한다고 말한다.

하지만 고객과 장기적으로 신뢰를 쌓고 감정적 공감대를 형성하려면 가격을 올려서는 안 된다. 많은 소매상과 심지어 월마트나 홈디포 같은 대형 매장들도 큰 태풍이 부는 기간에는 상품들을 할인된 가격으로(심지어 무료로) 제공해야 한다는 걸 알고 있다. 지역사회를 기반으로 한 호의적인 행동은 사람들에게 브랜드에 대해 따뜻하고 친절한 인상을 주고, 추후의 판매량 증가로 이어지기도 한다.

2018년 탈러는 〈아메리칸 이코노믹 리뷰〉의 기사에서 정량적인 분석만으로는 사람들의 소비 결정을 알아내기 힘든 이유를 기술했다.

그는 자신의 오랜 친구가 품질 좋은 와인을 병당 약 5달러에 여러 병을 구입한 이야기를 했다. 나중에 와인 가격은 20배쯤 올랐는데 같은 기간의 물가 상승을 앞지르는 가치였다.

하지만 그 친구는 와인을 팔지 않고 수집품으로 보관하며 특별한 날에만 꺼내서 맛을 즐겼다. 또 현재 가격인 100달러에 더 사지도 않았다. 100달러에 사자니 자신의 상황과 동떨어진 무의미한 상품을 사는 나쁜 거래였고, 팔아버리자니 소중한 트로피를 포기하는 엄청난 손실과 후회를 유발하기 때문이다.

숫자를 기반으로 한 미시경제학의 이론으로는 이런 평범한 상황조차 설명하지 못한다. 이를 적절하게 설명하려면 급진적이고 새로운, 감정이 주도하는 행동경제학이 필요하다.

20세기 중반 경제학자들이 널리 이용한 '합리적 욕구 추구'라는 용어는 인간의 결정을 대부분 설명하지 못한다는 걸 계속 드러내고 있다. 사람들은 놀라울 만큼 사회적인 생물로 대인관계에 따른 욕구나 무의식, 종종 비합리적이고 감정적인 선택을 한다. 직장이나 평범한 인간관계에서 논리를 바탕으로 한 정량적인 추론을 적용하기에는 한계가 있으며, 혼란을 준다.

폴 잭의 신경경제학 연구에서 드러났듯이 이해관계자 사이의 협력과 신뢰가 핵심이다. 관계적 유대감은 동료들 사이에서 성공의 주요한 예측 변수다. 또 열정적인 아일랜더스의 팬들처럼, 고객과 긍정적이고 충성스럽고 상호이익이 되는 관계를 조성하는 게 필수다.

홈구장을 원래대로 되돌려 놓기까지

아일랜더스의 운영진은 행동경제학의 연구 결과에 따라 행동하지 않았다. 2015년 그들은 팀을 팬층과 지리적으로 심리적으로 먼 장소로 옮겼고 모든 상황이 더 나빠졌다. 바클레이스 센터의 경기당 평균 관람률은 북미아이스하키 리그NHL에서 최하위로 떨어졌다.

팬들은 참담한 경험을 했다. 바클레이스 센터는 롱아일랜드 철도의 좁은 칸에 실려 먼길을 오거나 교통체증을 감수하면서 차를 끌고 오면 엄청난 주차비를 내야 했다.

또한, 농구 경기를 위해 지어진 경기장은 하키 경기를 열면 시야가 가려지는 좌석이 많았다. 엄청난 돈을 지불하고 티켓을 샀는데도 빙판 전체가 보이지 않았다. 점수판도 농구 코트의 중앙에는 잘 걸려 있었지만, 아이스링크로 변경했을 때는 경기장의 원래 방향과 좌석의 구조로 인해 점수판이 한쪽으로 이상하게 치우쳐 있었다. 빙질도 떨어져 선수들이 꾸준히 불만을 제기했다.

아이작과 일라이아스 같은 골수팬들은 팀을 여전히 사랑했지만, 아일랜더스의 운영진을 향한 감정은 달랐다. 롱아일랜드 교외를 지나는 고속도로의 광고판에 팀의 단장을 해고하라는 광고가 붙었다. 주민들은 아일랜더스의 콜리세움 복귀를 외쳤다.

하지만, NHL은 여전히 브루클린의 잠재적인 고수익을 기대하고 있었다. NHL의 이사회 특히 총재인 개리 배트맨*Gary Bettman*은 콜리세움은 현대 NHL 경기장의 기준에 맞지 않다고 반복적으로 말했다. 중앙 홀이 하나뿐이었고, 수용할 수 있는 인원에 비해 화장실 수가 너무 적었다. 보수로 공간이 더 넓고 쾌적해졌지만, 관람석은 평균 이하인 1만 3,900석으로 줄었다. 건물은 구조적으로 NHL과 팀이 수익을 창출할 충분한 수의 스카이박스를 만들 수 없게 되어 있었다.

배트맨은 아일랜더스가 올드반에서 다시 경기하는 일은 절대 없다고 발표하며 롱아일랜드 팬들에게 충격을 줬다.

한편, 2018년 중반 아일랜더스는 대형 스타인 존 타바레스와 재계약에도 실패했다. 리그 최고의 센터인 타바레스가 놀랍게도 감정적인 결정을 내린 것이다. 아일랜더스는 그를 잡기 위해 8년에 8,800만 달러가 넘는 계약을 제시했다. 그런데 그는 더 적은 금액인 7,700만 달러를 제시한 토론토 메이플리프스와 계약했다. 숫자에 기초해 논리적으로 계산한다면 나올 수 없는 결과였다. 다시 한 번 행동경제학의 원리가 맞아들어간 순간이었다.

뉴욕을 떠나 국경 너머 자기 고향인 온타리오로 돌아간다고 발표한 날, 타바레스는 메이플리프스의 이불을 덮고 침대에 편히 잠들어 있는 어린 시절 사진을 트위터에 올렸다. 29살의 올스타 선수는 돈이 아닌 감정과 추억에 따라 일생에서 가장 새로운 결정을 내렸다. 그렇게 그는 고향으로 돌아갔다.

아일랜더스 팀의 계속되는 쇠퇴와 팬들의 항의에 구단주와 NHL 이사회는 마침내 사태의 심각성을 깨닫기 시작했다. 스카이박스 사업과 팀을 활용한 사업은 아무런 효과가 없었고, 교외에 있는 핵심 팬층을 무시한 대가를 크게 치러야 했다. 아일랜더스의 도시화를 계획한 작전은 대실패였다. 행동경제학을 주목하지 않았던 구단주들은 슬픈 숫자들을 받아들여야만 했다. 재정적인 성공을 나타내는 핵심 성과지표는 더 끔찍했다.

한편, 〈뉴스데이〉의 기사에는 그들이 롱아일랜드로 다시 돌아갈 것이라는 조짐이 나타나기 시작했다. 이곳은 1980년 5월 25일 아일랜더스의 첫 스탠리컵 우승을 표지에 자랑스럽게 실었던 롱아일랜드의 신문사였다. 포트빈이 컵을 높이 들고 기뻐하는 모습이 나온 표지는 보스턴에 있는 아이작의 침실에도 걸려 있었다.

아일랜더스는 2016년 그나마 약간의 선견지명으로 아이
젠하워 공원에 머무는 팀을 위한 훈련시설로 노스웰 헬스 아
이스센터를 매입했다. 콜리세움에서 800m 거리였다. 건물은
1980년대 초 황금기의 명판과 현수막으로 장식됐다. 평소에
는 지역 사람들이 와서 스케이트를 타거나 어린이 하키 대회
가 열리는 곳이었다.

지금은 아이작과 일라이아스가 뉴욕에 왔을 때 가장 가고
싶어 하는 장소가 됐다. 여기서는 예전의 프로 스포츠가 하던
방식대로 선수에게 다가갈 수 있었다.

팬들은 팀이 연습장소에 들어가고 나오는 모습을 보고 사
진을 찍을 수 있게 됐다.

아이들은 할머니에게 용돈을 받아 기념품가게에서 아일랜
더스의 저지와 배너를 샀다. 손익계산과 합리적인 욕구 추구
라기보다는 감정에 따른 소비였다.

할머니는 손자들이 좋아하는 모습에서 70년대와 80년대
자녀들이 어린 시절 아일랜더스를 좋아했던 모습을 떠올렸고,
아주 기쁘게 돈을 썼다.

노스웰 시설의 잔잔한 성공은 팀이 그들의 뿌리로 돌아오
는 징조가 됐다. 브루클린에서의 대실패에 실망한 팀의 구단

주들은 굶주린 팬층을 다시 모았다. 또한, 팀과 NHL 모두가 경제적으로 만족할 만한 대체 장소를 찾기 시작했다.

결국, NHL은 콜리세움이 최선의 장소라는 사실을 깨달았다. 교외에 사는 사람들이 차로 금방 올 수 있고 주차도 편리하다. 또한, 아일랜더스 경기가 열리는 날 주차장 파티까지 열 수 있는 곳이 도심 속에 어디 있을까?

경기가 열리기 전 콜리세움 주차장에서 시끌벅적하게 바비큐를 먹고 맥주를 마시는 파티는 아일랜더스 팬들에게 수십 년 동안 큰 즐거움을 선사했다. NHL이 깔끔 떠는 부자들이 잘 소독된 경기장에 들어가는 스포츠가 되기 전이었던 과거의 추억을 떠올리게 했다.

아일랜더스의 구단주는 현명하게도 인간적인 모습으로 팬들에게 귀를 기울이기 시작했다. 아일랜더스의 공동소유주인 존 레데키*Jon Ledecky*는 특유의 따뜻하고 소년 같은 미소로 팀의 팬들과 능동적 탐구를 시작했다. 레데키는 저지를 입은 팬들과 달리 비싼 양복을 입었지만, 롱아일랜드 철도를 타고 바클레이스에서 열리는 경기를 보기 위해 브루클린을 드나드는 사람들과 친밀하게 이야기를 나눴다. 그리고 레데키가 친근하게 소통하는 영상이 유튜브와 트위터에 올라오기 시작했다.

레데키가 경기 직관과 관련해 의견을 물으면 팬들이 잔소리를 늘어놨는데, 그는 친절하고 진심 어린 태도로 모두 받아들였다. 최선의 능동적 탐구였다. 또한, 레데키는 팬들이 과거에 좋아했던 아일랜더스의 위대한 선수들을 이야기할 때면, 그 선수들에게 직접 전화를 걸어 70~80년대의 영웅들과 이야기를 나눌 수 있게 해줬다. 트위터에는 한 중년 여성이 팀의 첫 주장이었던 에드 웨스트폴과 감격에 차서 통화하는 영상이 있다.

레데키는 롱아일랜드 철도에서 소크라테스의 문제해결법을 훌륭하게 수행했다. 결국 그는 앞으로 몇 년 동안 팀의 재정뿐 아니라 지역사회의 통합을 책임질 팬들과 아일랜더스의 관계를 부활시켰다.

*
**

2018년 뉴욕 주지사로 인해 더 극적인 드라마가 펼쳐지기 시작했다. 앤드루 쿠오모*Andrew Cuomo*는 1980년대 초 왕조를 구축했던 아일랜더스에 관한 개인적으로 따뜻한 추억을 공개적으로 이야기했다. 전 뉴욕 주지사(마리오 쿠오모)의 아들이자 CNN의 유명 뉴스앵커(크리스 쿠오모)와 형제인 앤드루는 나소 카운티와 인접한 뉴욕시의 유일한 자치구 퀸즈에서 자랐다.

쿠오모 주지사는 자유주의자들이 많은 도시와 달리 롱아일랜드에는 민주당의 지지층이 두껍지 않다는 사실을 깨달았다.

이곳은 투표 패턴이 미국 중부의 러스트 벨트[1]와 비슷했다. 그래서 쿠오모는 고향 팀을 향한 오랜 애착을 넘어 아일랜드의 부동층 투표자들과 연결될 기회까지 생각한 것 같았다.

그는 레데키처럼 능동적 탐구 과정을 진행하며 이해관계자들과 끊임없이 이야기했다. 구단주와 투자자, 시민 대표, 지역 정치인, 그리고 NHL이 어떻게 하면 아일랜더스를 고향인 롱아일랜드에 돌려놓을 수 있을지 모색했다.

어쨌든 쿠오모가 실제로 나섰다는 사실이 가장 중요했다. 회의에 참석했고, 자신과 정서적 유대감이 확실한 장소에서 연설했다. 아일랜더스가 고향에 돌아올 가능성에 관한 말할 때 쿠오모의 눈에서는 불꽃이 튀었다.

개인적인 감정인 게 분명했고 진심이었다. 주지사로서 단지 임무를 완수하거나 재선을 위해 표를 더 얻거나 혹은 자신의 밥그릇을 위해 한 일이 아니었다. 열정적인 리더십의 존재는 모든 변화의 중요한 원동력이 됐다.

쿠오모는 협상단을 통해 아일랜더스가 홈경기의 절반을 올드 반에서 치르도록 NHL을 설득했다. 다음 시즌부터 시작해

1　제조업의 호황을 이끌었으나 제조업의 사양화로 불황을 맞은 미국 중서부와 북동부 지역. 세계화와 자유무역주의로 피해를 입고, 2016년 보호무역주의와 반이민 정책을 주장한 도널드 트럼프의 대통령 당선에 기여했다.

최소 2년 이상 지속하게 했다. 나소와 서픽에서 축하행사가 열렸다. 여기에 추가로 쿠오모는 나소 카운티의 마을 엘몬트에 새로운 구장을 지을 수 있게 됐다고 발표했다. 자기 고향인 퀸즈 자치구와 바로 인접한 곳이었다.

행동경제학이 효과를 내며 생각, 대화, 창조가 어떻게 작용할 수 있는지 보여준 이번 결정은 감정과 이익 창출을 하나로 엮어냈다.

아일랜더스의 팬들은 팀이 나소 카운티에 돌아오는 영광스러운 장면을 목격했다. 팬들은 다시 경기 전에 주차장 파티를 할 수 있게 됐다.

"롱아일랜드는 건드리지 마"라는 귀여운 협박문구가 다시 한 번 경기장과 동네를 뒤덮었다. 동시에 아일랜더스는 현재 NHL의 기준에 맞는 현대적인 경기장을 팀 전용으로 지어 경제적인 이익도 얻을 수 있게 됐다. 최고의 빙질을 제공하고 점수판도 정확히 가운데 있어야 한다. 관람석에서는 링크가 완벽하게 눈에 들어와야 한다.

새로운 경기장은 주요 환경영향 조사를 받아야 최종 승인을 받을 수 있으며 시공에는 최소 3년이 걸린다. 그리고 엘몬트의 조용한 마을 주민들에게 41번의 홈경기(플레이오프 경기가 추가될 수 있다)가 있을 때마다 어쩔 수 없이 교통체증이 생기겠지만 그만한 가치가 있음을 설득하고 안심시켜야 한다.

공공의 반대를 무시하고 대규모 정부사업을 벌일 수는 없으므로, 새로운 경기장을 현실화하는 건 쉬운 일이 아니었다.

엘몬트에는 1905년 유명한 벨몬트 경마장이 생겼는데, 권위 있는 서러브레드 경마 대회의 3번째이자 마지막 구간이 열리는 장소다. 엘몬트 주민들은 일 년에 한 번, 켄터키 더비와 프리크니스에 이어 벨몬트 스테이크스가 열리는 6월에만 많은 군중을 상대해왔다.

아일랜더스의 새로운 경기장은 경마장에 인접한 주州 소유의 부지에 지어진다. 이로써 아일랜더스는 국제적으로 위대한 대회인 벨몬트 스테이크스와 어깨를 나란히 하는 동시에 롱아일랜드 교외의 평범한 지역에 있는 그들의 뿌리까지 유지하게 됐다.

하지만 미래의 홈구장 개관식이 열리기 전인 2018년부터 2021년까지는 전체 경기의 약 절반을 올드 반으로 돌아가 치러야 한다. NHL에 영향력을 발휘한 쿠오모는 롱아일랜드 전역에서 많은 칭찬을 받았다.

2015년 이후 팀은 콜리세움에서 프리시즌 단 한 경기만 치렀는데, 2017년 9월 열린 필라델피아 플라이어스와의 경기였다. 프리시즌 경기는 대체로 관심이 없어 관중석이 거의 빈다. 하지만 콜리세움에서의 복귀전은 매진됐다.

다음 날 〈뉴스데이〉의 표제는 "아일랜더스의 나소 콜리세움 복귀로 플레이오프 분위기 연출"이었다.

아이작과 일라이어스는 83세인 할아버지와 함께 갔는데 거동이 불편해지기 전 마지막으로 직접 관람한 스포츠 경기가 됐다(그는 2019년 세상을 떠났다). 아이들은 그날 콜리세움에 들어서던 할아버지의 모습이 최근 몇 년 중 가장 힘이 넘치고 기뻐 보였다고 회상했다.

2018년 12월 초, 아일랜더스는 많은 기대 속에 콜리세움으로 복귀하는 첫 정규 시즌 경기를 치렀다. 〈뉴욕타임스〉의 스포츠면은 다음과 같이 썼다.

"팬과 선수를 모두 흥분하게 만든 아일랜더스의 나소 콜리세움 복귀. 팬들은 가능한 모든 방법으로 축하했다. 주차장 파티가 열렸고 요란한 복귀 승리를 거뒀다."

아일랜더스를 둘러싼 열기가 하늘로 치솟았다. 콜리세움의 복귀는 묘한 신비감마저 들었다. 한 팬이 많은 사람을 대신해 〈타임스〉에 이렇게 말했다.

"바클레이스 센터에 가면 남의 집에 들어간 것처럼 낯설어요. 하지만 이곳은 경기장에 들어가기 전부터 내 집에 온 기분이에요."

콜리세움이 주는 힘에 화답하듯 팀은 1980년대 이후 가장 대단한 연승을 기록했다. 코치인 배리 트로츠는 "콜리세움의 귀청이 떨어질 듯한 소음이 준비운동 때부터 시작돼 3피리어드 내내 끊이지 않고 이어지는데, 원정팀이 놀라고 겁먹을 정도라서 한 시즌에 6승 정도 추가하는 효과가 있다"고 말했다.

콜리세움의 마법은 이제 바클레이스에서 열리는 경기까지 옮아갔다. 브루클린은 하키 경기를 열기에는 단점이 많은데도 불구하고 관중이 늘어나며 분위기가 고조됐다. 팀은 질주했고, 팬들은 이제 더 많은 걸 바랐다. 아일랜더스가 3년 만에 처음으로 플레이오프에 안착하자, 플레이오프 경기가 바클레이스에서 열릴지 아니면 콜리세움에서 열릴지 질문이 쏟아졌다.

NHL은 매년 봄 전국으로 방송되는 전 좌석 매진 경기들로 꾸준히 노다지를 캐왔다. 아일랜더스의 구단주들과 NHL 운영진은 당연히 플레이오프 시리즈로 이익을 창출하길 바랐다. 바클레이스는 관람석도 더 많고 수익을 늘려주는 스카이박스도 있다.

미시경제학의 관점에서 보면 사람들은 당연히 바클레이스를 선택해야 한다. 하지만 아일랜더스가 성공한 중요한 원인 중 하나가 콜리세움으로 돌아와 팬층과의 재결합했기 때문이라는 건 모두가 알고 있었다.

1980년 포트빈이 처음 그랬던 것처럼, 2019년 같은 건물에서 아일랜더스 선수들이 머리 위로 스탠리컵 트로피를 들어 올리는 장면을 본다면 얼마나 짜릿할까?

다시 한 번 아일랜더스의 운영진과 NHL 사무국은 딜레마에 부딪혔고, 이 복잡한 사업 문제를 빨리 결정해야 했다. 콜리세움의 감동이 바클레이스의 불확실하지만 잠재적으로 더 큰 수익을 이겨낼 수 있을까?

**

2019년 2월 중순 리그는 모두가 기다려온 소식을 발표했다. 아일랜더스는 플레이오프 첫 라운드를 콜리세움에서 하고, 만약 이길 경우 남은 플레이오프 홈경기는 브루클린의 바클레이스에서 치르기로 했다. 타협이 성사됐다. 팬들은 뜻밖에도 콜리세움에서 플레이오프 경기가 열리는 모습을 다시 보게 됐다. 사람들은 이 결정만으로도 승리한 듯이 기뻐했다.

하지만 2019년 결승전이 올드 반에서 열리는 장면은 볼 수 없게 됐다. 바클레이스에서 돈벌이가 더 잘됐기 때문이다. 결국 현지 팬들은 콜리세움을 감싸고 있는 기운을 48킬로미터 떨어진 브루클린 중심가로 옮겨가서 팀이 플레이오프에서 더 오래 살아남기를 바라고 기도해야 했다.

2018~19 시즌 동안 뉴욕 지역에서 일어난 하키의 놀라운 사회경제적 역학은 대단했다. 비록 레인저스는 끔찍한 시즌을 보내며 플레이오프 경쟁조차 하지 못했지만, 아일랜더스의 홈 구장 두 곳에서 조롱과 야유의 표적이 됐다. 팬들은 레인저스가 흔들리며 플레이오프 근처에도 못 가는 성적을 기록하자 아주 기뻐했다.

반면에, 아일랜더스는 엄청난 기세로 정규 시즌을 마무리했다. 비록 1점이 모자라 디비전 타이틀을 따내지는 못했지만, 최종 2위도 플레이오프 첫 라운드에서 홈 빙판 이점을 가지고 오기에는 충분했다.

이로써 강한 상대인 피츠버그 펭귄스와의 플레이오프 시리즈 일곱 경기 중 처음 두 경기가 콜리세움에서 열리게 됐다. 한쪽 팀이 첫 네 경기에서 모두 이기지 않으면, 다섯 번째 경기가 다시 이곳에서 열린다. 그리고 만약 시리즈가 3대 3이 되면 7차전도 올드 반에서 열리게 된다. 아일랜더스가 1988년 이후 처음으로 획득한 플레이오프 시리즈 홈 빙판 이점이었다. 고무적이었던 2018~19 시즌에 어울리는 마무리였다.

이제부터는 스포츠 영화의 클리셰처럼 뻔하고 짜인 대본 같은 이야기가 펼쳐졌다. 아일랜더스는 콜리세움에서 첫 두 경기에 승리하고 피츠버그에서 열린 다음 두 경기마저 이기며 네 경기를 깔끔하게 모두 이겼다. 올드 반의 에너지가 포스트

시즌까지 이어졌다.

다음은 와일드카드로 간신히 플레이오프에 합류한 캐롤라이나 허리케인스를 상대로 동부 콘퍼런스 준결승전이 펼쳐졌다. 아일랜더스는 1경기와 2경기를 이름만 홈 빙판인 바클레이스에서 치르게 됐다. 팀은 두 경기를 모두 졌고 롤리에서 열린 다음 두 경기마저 지며 탈락했다.

NHL이 돈 때문에 경기장을 바클레이스로 옮기는 바람에 팀의 기세에 나쁜 영향을 줬다는 논란이 일었다. 상대팀인 허리케인스의 한 선수가 이것을 확인시켜줬는데, 〈뉴스데이〉에 이런 기사가 실렸다.

> "전 아일랜더스 선수인 캘빈 데 한은 경기가 콜리세움에서 열리지 않은 덕분에 허리케인스가 이득을 봤다고 말했다."

플레이오프에서 콜리세움을 떠난 일은 정규 시즌 중간에 이곳에 돌아온 것만큼이나 주목받았다.

: 왜 전통과 마음을 무시하는가?

아일랜더스의 여정과는 별개로 몇 해 동안 진행된 콜리세움의 또 다른 이야기도 있다. 이 이야기는 수익과 전통 사이의 관계에 대한 것이다.

콜리세움은 2015년 보수 공사 이후 'NYCB 라이브: 나소 베테랑스 메모리얼 콜리세움(참전용사 기념 경기장)'으로 이름을 바꿨다. NYCB는 뉴욕 커뮤니티 뱅크의 약자로 새롭게 단장한 경기장의 주요 후원기업이었다. 브랜드를 전면에 내세우는 어색한 행보는 광고를 하면 사업을 더 크게 만들 수 있다는 구식 미시경제학이라 할 수 있다.

롱아일랜드의 그 누구도 농담을 제외하면 경기장의 이름을 이렇게 부르지 않았다. 일상 대화나 TV 방송에서도 여전히 '콜리세움' 혹은 '올드 반'으로 불렸다.

휴식 시간에 팬들에게 던져주는 공짜 티셔츠에 팀의 로고가 아닌 NYCB 라이브 로고가 있는 걸 보자 아이작과 일라이아스는 고개를 갸우뚱했다. NYCB의 마케팅부서 중 누구도 아일랜더스의 팬층과 능동적인 탐구를 하지 않은 게 분명했다. 경기장의 잘못된 작명과 더불어 팬데믹 기간에 행사들이 취소되면서 2020년 NYCB의 이름은 폐기하기로 결정됐다.

나소 참전용사 기념 콜리세움은 1차 세계대전과 베트남 전쟁에 참전한 20세기 미국 군인의 희생과 명예를 기념한다. 참전용사들이 마땅히 받아야 했을 대우를 받지 못했던 시기에 그들을 기리기 위해 지어진 이름이었다. 자치당국은 건물이 참전용사를 기리는 이름을 유지하라고 요구했다.

NYCB가 후원기업이 됐을 때 이 규칙을 따랐지만, 전통 있는 이름을 그저 부제처럼 작은 활자로 표기했다. 규정을 따랐을 뿐 존경을 표하지 않았다.

그런데 최근 젊은 세대는 기업의 가치와 책임에 아주 민감하게 반응한다. 아이작은 분노하며 말했다.

"NYCB에는 절대 돈을 맡기지 않을 거예요.
아일랜더스를 전혀 이해하지 못해요.
이건 전통과 마음에 관한 문제예요."

2015년 NYCB 라이브가 다시 문을 열었을 때, 콜리세움의 외부는 "우리는 모두 아일랜더스(롱아일랜드 사람)다"라는 문구로 도배가 됐다. 이 중의적인 문장은 팀에게는 유대감과 영감을 줬고, 점점 삭막해지는 세상에서 롱아일랜드를 하나로 뭉치게 했다. 기업과 투자자들은 팀을 산업화 이전의 낡은 헛간 같은 곳에서 투자수익을 올릴 수 있게 만든 것이다.

구단주와 주지사가 팬들 그리고 다른 이해관계자들과 능동적인 탐구를 하며 가까스로 거둔 승리였다. 아일랜더스는 롱아일랜드와 그들의 투지 넘치는 팬들 곁으로 돌아갔다.

현재는 뉴욕시의 지리적으로 또 정신적으로 최전선에 위치한 현대적인 경기장도 갖게 됐다. 이제 경기장의 작명권은 스위스의 국제적인 은행인 UBS가 구입했다. 그들이 실수를 반복하지 않기를 바란다. USB는 기업의 리더와 대표들을 롱아일랜드의 마을로 보내 팬들과 이야기하고 앞으로 은행이 어떻게 지역사회에 봉사하고 영감을 줄 수 있을지 들어야 한다.

올드 반과 대형 은행의 결합은 팀을 이끌고 스포츠와 사업을 더 넓은 세상에 알리며 더 큰 수익과 균형을 유지하는 데 도움을 줄 것이다.

Socrates'
way of thinking

전통적인 미시경제학에서는 인간을 이성적인 존재로 가정하고, 이것을
사업의 영역에 적용했다.
하지만 이런 관점이 최근에 뒤집어졌다.
20세기 중반 경제학자들이 널리 이용한 '합리적 욕구 추구'라는 용어는
인간의 결정을 대부분 설명하지 못한다는 걸 계속 드러내고 있다.

사람들은 놀라울 만큼 사회적인 생물로 대인관계에 따른 욕구나 무의식,
종종 비합리적이고 감정적인 선택을 한다.
행동경제학에 따라 생각, 대화, 창조 과정을 통해 내린 결정은 감정에 따
라 소비하게 한다.

Think Talk Create

8장

사업을 개선하기 위해
철학이 필요하다

The New MBA: Master of Business Amelioration

"회사가 무슨 생각인지 모르겠어."
"회사가 어떻게 반응할까?"
잠시 후 우리는 그녀에게 말했다.
"네가 회사잖아!"

H-E-B와 아일랜더스는 수익성만 생각하는 게 사업에서 성공하는 유일한 길이 아니라는 걸 보여준 좋은 예다. 수익을 우선시하던 직업정신이 하나의 흐름이라면, 같은 이치로 능동적 탐구와 소크라테스의 문제해결법도 하나의 흐름이 될 수 있다.

이것은 성장을 원하는 기업과 직원들에게 윈-윈 시나리오다. 정량적으로 수익만 추구하는 사람도 배우고 실행하면 분명 뭔가 얻는 것이 있을 것이다. 능동적 탐구는 모두에게 이익이 된다. 경제에 관해 잘 아는 경영대학원에서는 이미 변화를 감지하고, 주주의 가치만 생각하는 세상의 다음 단계로 나아갈 수 있게 연구하고 있다.

: 선택은 누가 하는 것인가?

매년 졸업생들은 기업 및 직업의 세계에서 어떻게 처신할지 선택의 순간에 서 있다.

학생들은 단과대학이나 대학교를 졸업하면서 자신이 배웠던 최신 지식으로 바깥세상에 나가 변화를 만들고 싶어 한다. 졸업식을 기다리는 이유다.

봄이나 초여름의 주말 오후에 열리는 졸업식에서 학위복, 예복을 입고 학사모를 쓴 학생들은 순진한 눈으로 변호사, 의사, 사업가, 정치인, 회계사 혹은 학자로서의 미래를 그려본다. 졸업은 어떤 의미에서 사회에 도전할 의지가 있고, 또 해낼 수 있는 이들이 사회에 등장한다는 것을 알리는 신호다.

졸업식은 깨우친 사람과 깨우쳤던 사람의 세대교체의 순간을 알리는 상징이다. 학위를 받는 그 순간 '유대교의 성인식'처럼 어른이 되는 순간이다. 스위치가 켜지듯 어른에서 아이로 혹은 문외한에서 전문가로 즉시 전환된다.

우리는 둘 다 시카고대학교를 졸업했고 학위수여식에도 참석했다. 시카고대학교의 학위수여식은 학교의 안뜰 한가운데서 차분하게 진행된다. 네오고딕 건물에 둘러싸여 접이식 의자에 앉은 졸업예정자들은 임시로 만든 단상 위에서 경건한 합창단처럼 예복을 휘날리고 있는 교수님, 졸업생, 대학관계자들과 마주보고 앉는다. 이 상징적인 예식은 그간의 노력과 공부가 여전히 높게 평가받고 있다는 느낌을 강하게 준다.

현재는 뉴잉글랜드에 살면서 웅장한 보스턴 공공도서관을 지날 때마다 같은 느낌을 받는다. 도서관 건물의 한쪽 면에 있는 처마돌림띠 밑에는 이런 문구가 큰 활자로 새겨져 있다.

"주 정부는 질서와 자유를 지키기 위해
사람들을 교육해야 한다."

최근 시카고대학교의 졸업식에서는 학과장님과 학장님들이 참석한 모든 졸업예정자에게 일어나서 대학 총장님에게 예를 표할 것을 부탁했다. 일단 학위가 전달되면 총장님은 각각의 학부에 이 학위가 어떻게 쓰이길 희망하는지 특별한 메시지를 전한다. 학계의 지도자가 사람들에게 가치관과 목표를 공유하고 안내하는 순간이다.

총장님은 사회 및 자연 과학 분야 졸업생들에게 항상 "우리가 선택한 분야의 지식을 풍성하게 하고 효율적으로 만드는" 영향력에 관해 말한다. 또, 미술학위를 받은 졸업생들에게는 "우리의 작품이 예술과 문화의 풍경을 아름답게 만들기를" 따뜻하게 기원한다.

이 과정은 팡파르도 없이 진행되어서, 총장님의 희망찬 메시지가 일반 사람들의 관심을 받는 일은 별로 없다. 이 메시지는 경영대학원의 학장님이 단상에 올라 경영학 석사 예정자를 호명한 뒤에도 이어진다. 총장님은 경영대학원 학위가 "모두를 이롭게 할 국제적인 기업을 만들 책임"을 지녔다고 웃음기 없이 말했다. 이 발언을 들은 사람 중 몇몇은 바로 눈을 굴리고 조용히 킥킥댄다.

$$*\atop{**}$$

2019년 학위수여식 시즌이 한창일 때 유엔은 "전 세계의 무분별한 경제성장 추구로 지구의 생명(생태계)이 붕괴하고 있다"는 연구를 발표했다.

또한, 하버드 경영대학원의 학장인 니틴 노리아*Nitin Nohria*는 〈이코노미스트〉와의 인터뷰에서 점점 더 많은 입학생들이 장래에 '목적과 가치'를 반영하는 회사에서 일하길 원한다고 말했다.

학생들은 금융자본만큼이나 사회자본의 개발에 진지하게 임하는 기업에서 일하기를 원하게 되었다. 많은 경영대학원생이 숫자 너머에 있는 인문주의적 요소들에 다시 집중하기 시작했다.

만약 이들이 의대생들이었다면 피셔 박사가 무의지증 환자와 면담을 마치고 떠났을 때처럼 몸을 숙이고 공감하며 "오늘 어떠셨어요?"라는 개방형 질문을 건넸을 것이다. 라몬에게 우울증 평가 척도보다 더 많은 걸 조치했을 것이다. 마크가 부담 없이 딸의 결혼식에 참석하도록 휴가를 줬을 것이다.

경영대학원 학생들은 이제 어떻게 정량적 데이터와 자본주의의 핵심 원칙을 공공의 이익을 위해 사용할지 개방형 질문을 하기 시작했다.

이런 분명한 사회적 흐름에 맞춰, 다른 선도 기관도 함께 발을 맞추고 있다. 듀크대학교 후쿠아 경영대학원의 학장 윌리엄 볼딩*William Boulding*은 학생들에게 "사회에서 기업의 역할에 대해 깊이 생각하라"고 독려했다.

이는 전 세계에 있는 경영대학원 프로그램들에 새로운 과제를 불러왔다. 학생들에게 경영용어와 회계기술, 재정공식을 가르치는 데 그치지 않고, 기업행동이 직원, 고객, 그리고 다른 이해관계자들에게 얼마나 많은 잠재적인 결과를 불러오는지 교육해야 한다.

결국, 선택은 내가 하는 것

최근에는 나이나 직장에서의 지위에 상관없이 점점 많은 직원이 일터에서 목표와 가치를 추구하고 있다. 요컨대, 성가신 밀레니얼 세대만 그런 게 아니라는 뜻이다.

노동자의 절반에 가까운 약 42퍼센트가 세상에 긍정적인 영향을 주는 조직에서 일하기를 바란다. 젊거나, 경영대학원 학생이거나, 아니면 경력이 많거나, 심지어 은퇴가 가까워진 것과 상관없이 상당한 비율의 사람들이 자신과 같은 가치를 추구하는 조직에서 일하기를 원한다.

《하버드 비즈니스 리뷰》에 따르면, 판매하는 제품과 서비스를 구매하는 고객들만큼이나 직원들도 중요하다는 사실을 알고 있는 기업이 몇몇 있었다. 심지어 어떤 기업들은 이 점에 주목했다. 예를 들어, 유니레버는 환경 발자국을 줄이고 사회에 긍정적인 영향을 늘리겠다고 약속했다. 이런 인간적인 변화의 결과, 이 기업에 입사를 원하는 신규 지원자의 절반이 같은 말을 했다.

"이곳에서 일하고 싶은 이유는
기업의 윤리적인 접근과 지속 가능한 업무 때문입니다."

긍정적인 여론에도 불구하고 이런 약속을 꺼리는 기업들도 많다. 갤럽 여론조사에 따르면 자신이 다니는 기업의 가치를 믿는다고 말한 직원은 고작 27퍼센트였다. 통계는 냉정했다. 점심시간에 동료들에게 기업의 강령에 숭고한 가치가 담겨 있다고 믿는지 간단히 조사해보자. 아마 넷 중의 셋은 아니라고 말할 것이다.

직원의 눈으로 봤을 때는 사회적인 목표와 가치를 지향한다고 공언하는 기업들도 그저 말뿐인 걸로 보인다는 뜻이다.

전미경제연구소가 발표한 결과는 이런 모든 것과 대조를 이뤘다. 한 팀이 북아메리카 전역에 있는 기업 1,348곳과 인터뷰를 했는데, CEO의 92퍼센트가 기업문화가 향상되면 기업의 전체 가치도 늘어난다고 말했다. 추가로, 단 16퍼센트의 CEO만 그들의 기업문화가 제대로 이루어져 있다고 생각했다.

이렇게 인정하면서도 변화는 없었다. 다른 조사에서는 약 45퍼센트의 직원들이 각 조직의 문화를 완전히 개선하려면 고위 임원을 최소화해야 한다고 믿었다.

많은 기업은 익명으로 조사를 실시했다. 전 미국을 대상으로 한 연구에서 다른 세대와 다르다고 여겨지는 밀레니엄 세대들도 전혀 다르지 않은 것으로 나타났다.

연구에 따르면, 밀레니엄, 베이비부머, X세대가 생각하는 업무의 핵심 가치가 동일하며, 중요도의 순서도 똑같았다. 고용주들에게 가치있는 비전을 바라는 젊은 경영대학원생들은 단지 모두가 원하는 걸 똑같이 원할 뿐이었다. 바로 자신이 태어났을 때보다 세상을 약간 더 좋게 만들고자 하는 것이다. 새로운 기술에 아주 능숙한 세대지만, 그게 매일 침대에서 일어나 일터로 향하는 중요한 이유라고 언급한 사람은 거의 없었다.

이 새로운 노동인구는 목적과 가치에 부합하는 조직에서 일하기를 원한다. 또한, 〈2017 딜로이트 밀레니얼 조사〉에 따르면 업무를 통해 세계의 가장 중요한 문제에 더 많은 영향을 끼칠 수 있다고 생각했다. 즉, 사람들에게 일과 일하는 조직은 긍정적인 변화를 일으키기 위한 수단이었다. 이들은 심리적으로 안정적인 환경에서 유연하게 일해야 원하는 바를 이룰 수 있다. 그래야 능동적으로 탐구하고 큰 그림을 그리며, 수익뿐만 아니라 더욱 중요한 공동의 가치를 만들 수 있다.

함께 사는 인간사회와 세상을 위한 최고의 선이 무엇이냐는 주제로 열린 토론을 하면, 기업을 위해서도 좋고 자본주의 체계에도 구원이 될 수 있다. 기업들은 서로 신뢰하고 심리적으로 안전한 업무환경이 주는 긍정적인 효과에 주목해야 한다.

고대 그리스의 철학은 죽지 않았다.

잘 활용하면 현대의 일터를 더 생기있게 만들 수 있다.
소크라테스에게 사약을 내리지 말고
월급을 올려줘야 하는 이유다.

현재의 난감한 과제들을 해결할 리더를 양성하는 후쿠아 경영대학원의 윌리엄 볼딩은 우리와 대화를 나누고 크게 변하고 있는 흐름을 인정했다.

"자본주의 사회에서 수익을 중시해야 한다는 사상은 강력하고 긍정적인 힘입니다. 하지만 우리는 학생들이 기업이 사회에 주는 긍정적인 효과에 관해 깊이 생각하고 좋은 의도에서 자극받기를 원합니다."
"자신이 어떻게 운영하기를 원하는지 깨달아야 합니다."

그는 "학생들이 자신의 결정이 가지는 의미, 목적 그리고 정량적이고 정성적인 효과 모두를 알도록" 도와야 한다고 말했다. 학생들에게 '의사결정의 틀'을 제공함으로써 학생을 도울 책임이 있다고 생각했다.
시카고대학교 부스 경영대학원의 경제학 교수 마리안 베르트랑*Marianne Bertrand*은 경제학의 과제는 사람과 사람들이 일하는 기업이 제한된 상황에서 어떤 선택을 하는지 연구하는 것이라 생각했다. 여기서 선택이란 오렌지 대신 사과를 사는 일일 수도 있고, 개인적으로 더 중요한 첫 직장을 선택하는 일일수도 있다. 또한, 기업의 임원이 직원들에게 합리적인 복지제도와 유연한 업무일정을 제공하는 일일 수도 있다.

우리는 매일 선택의 홍수 속에서 살며 위험부담이 적은 모래알 같은 결정부터 크고 실질적인 결정까지 다양한 결정을한다.

행동경제학에 따르면, 인간의 결정은 정해져 있지 않고 정량적 분석만으로는 알아낼 수 없다. 인간적인 감정과 사회적인 연결망이 영향을 끼친다. 그래서 우리는 이런 감정들을 이해하기 위해 자아성찰 능력을 충분히 길러 최고의 선과 이득을 모두 취하기 위해 활용해야 한다. 그러기 위해 생물학적으로 뇌의 운영과 건전한 의사결정을 담당하는 전두엽의 통합 기능을 활용해야 한다.

**

시카고의 사우스사이드에 비 내리는 6월의 오후, 하이드파크에서 열린 2018년 학위수여식에서 베르트랑 교수는 단상에 올라 동료 교육자들과 함께 총장님 옆에 서 있었다. 총장님이 "모두를 이롭게 할 국제적인 기업을 만들 책임"을 다하라는 낙천적인 바람을 이야기해 청중들이 키득거리기 전이었다.

시카고대학교는 다른 교육기관들처럼 졸업식에 유명 인사를 연사로 초대하지 않고 학교의 교수진 중 저명한 사람에게 초대장을 보냈다. 그렇게 베르트랑 교수가 단상에 올랐다.

사실 졸업 연설은 언제나 따뜻하고 긍정적이다. 보통은 진부한 이야기들과 윈스턴 처칠의 명언, 졸업생들이 가야 할 방향에 대한 교훈들로 채워진다. 대부분은 기억에 남지 않는다. 전하는 내용이나 메시지가 모두 비슷하기 때문이다. 하지만 이번에는 달랐다. 베르트랑 교수는 그날 청중들에게, 특히 경영대학원을 졸업하는 학생들에게 참신한 메시지를 전했다.

"경제학이나 경영학 학위 혹은 어떤 학위를 받고 졸업하든, 절대로 오해의 소지가 있거나 남을 속이던 경력은 남기지 말기를 바랍니다. 기업이 속임수를 써서 번창하고, 기업이 정직했기 때문에 힘들다면 경제나 사회 모두에게 좋은 일이 아닙니다.

이 모든 선택은 당신이 합니다. 소속된 직장에 이런 문화가 없다면 스스로 목소리를 내고 문화를 바꾸는 능동적인 행동의 주체가 되어야 합니다. 옳지 않거나 고칠 수 없는 문화라면 내 발로 떠나며 의사를 표시할 수도 있습니다."

그녀의 연설은 여러모로 중요하지만 그중 가장 중요한 건 "선택은 당신이 합니다"라는 말이었다. 회사의 이사진이 매몰차게 정량적이라거나 수익에만 목매는 집단이라면 종종 사람들은 절망감, 무능함, 무력감을 느낀다.

거대한 크루즈선 옆에서 카누를 타고 있는 기분이 든다. 나의 자그마한 나무 장난감으로는 이 거대한 괴물의 항로를 바꿀 수 없다. 반대로 이 배가 눈곱만큼이라도 방향을 바꿔 카누를 덮치면 난 익사할 위험에 처한다.

하지만 우리는 조직이 자존하는 독립체가 아니라는 사실을 간과한다. 조직은 크루즈선이 아니며 잘못된 항로에 접어든 타이타닉이 될 필요도 없다. 우리가 배의 키를 잡을 수 있다.

당신이 곧 기업이다

기업은 세상의 고유한 힘이 아니다. 기업은 사람이 만들었다. "개인적인 감정은 없어. 이건 사업일 뿐이야"라는 말은 잘못된 말이다.

보험회사가 마크 같은 베테랑 직원을 퇴직연금 수령 가능일 하루 전에 해고한 순간, 수천 명의 충성스러운 직원들은 심각한 충격을 받았다. 한 사람이 내린 결정이 다른 사람들에게도 큰 영향을 끼친다는 말이다.

한 직원의 정당한 수입을 강탈하는 일을 누가 사업일 뿐이라고 말할 수 있겠는가?

자신의 의도적인 행동과 선택의 중요성을 아직 깨닫지 못한 사람이 말하는 사업이거나, 더 나쁘게는 자신의 의도적인 행동을 깨닫고도 비인간적인 행동을 하는 사람의 사업일 뿐이다.

대형 보험사의 중간 관리자인 제이가 비인간적인 사무실에서 불구가 된 소년에게 합당한 보험금을 주면서, 도덕 및 재정적으로 옳은 선택을 하고, 회사의 건실함과 신뢰성까지 유지했던 걸 생각해보자. 그리고 자산관리인들이 요양원 거주민에게 인간적으로 서비스한 일도 생각해보자.

평범한 사람도 각양각색의 기업과 조직에서 수익성과 진정성에 큰 영향을 끼치는 중요한 결정들을 내릴 수 있다. 기업은 구성원이나 부품이 빠졌다고 해서 바다를 목적 없이 휘젓고 다니지 않는다. 항해사들은 수익이라는 수평선만 바라본다. 회사란 공동의 목표를 위해 일하는 사람들의 집합이며 필연적으로 인간적인 목적으로 엮이게 된다.

17세기 철학자 토마스 홉스*Thomas Hobbes*의 말에 따르면, 기업은 타인과 서로 돕고 보살피기로 사회적 계약을 맺은 개인들로 구성된 거대한 독립체인 레비아탄(성경에 등장하는 거대한 괴물이자 상상의 동물)과 같다. 홉스가 말하는 자연 상태에서 억제되지 않는 공격성은 사리사욕만 추구하는 위험한 무질서를 만든다.

'편도체 납치(편도체가 뇌의 기능을 마비시켜 감정적이 됨)'가 지배하는 세상이다. 살아남아 성공하려면 서로 더 대화하고 협력해야 한다. 한 명이라도 사회적 계약을 맺을 기회를 빼앗기면, 신뢰가 깨지고 번영할 수 없다. 우리는 반드시 레비아탄에 들어가 공동체의 구성원이 되어야 한다. 그것이 가능하지 않다면 비인간화와 상실감을 맛보게 된다.

인간이 없으면 기업은 존재하지 않는다. 사람이 모여 회사가 된다. 우리는 대중을 상대하는 기업 임원인 친구와 대화를 나눴는데, 자기 조직의 답답한 문화에 실망하고 있었다. 그녀는 주로 이런 말을 했다.

"회사가 무슨 생각인지 모르겠어."
"회사가 어떻게 반응할까?"
잠시 후 우리는 그녀의 말을 멈추고 이야기했다.
"네가 회사잖아!"

그리고 가볍게, 하지만 의미가 있기를 바라며 그녀와 능동적 탐구를 했다.

- 작더라도 기업문화에 영향을 줄 방법이 뭐가 있을까?
- 다음 주에 있을 발표에서 자신이 옳다고 생각하는 방향을 파워포인트에 어떻게 반영할 수 있을까?
- 고객 서비스를 개선하도록 회사의 접근법을 바꾸려면 어떻게 말하고 행동해야 할까?
- 자신이 통제를 벗어난 모터의 톱니바퀴 같다고 느끼지 않도록 하려면 어떤 목표를 가져야 할까?

1974년 필리페 페팃*Philippe Petit*이 세계무역센터 사이를 건널 줄타기 줄을 설치하고 있었다. 그때 그의 동료 한 명이 "넌 할 수 없어. 불가능해"라고 말했다. 그러자 페팃이 대답했다.

"맞아, 당연히 불가능하지. 그래서 우리가 어떻게 해야 할까?"

그의 위업은 2008년 영화 〈맨 온 와이어〉에 연대기로 기록됐고, 다음 해 아카데미 시상식에서 장편 다큐멘터리상을 받았다. 세계무역센터 건물 사이를 줄타기로 지나는 건 불법이며, 안전장비까지 없이 건너는 건 불가능해 보였다. 하지만 페텃은 실제로 그걸 해냈다. 이 영화는 우리에게 어떻게든 해낼 방법이 있다는 걸 깨닫게 해준다.

내가 누구인지 아는 것은 세상에서 어떻게 행동할지 결정하는 데 많은 영향을 준다. 이 사상은 윌리엄 제임스*William James*가 많은 영향을 끼쳤는데, 그는 일기에 이렇게 썼다.

"내 자유 의지의 첫 번째 행동은 자유 의지를 믿는 것이다."

어느 날, 학생과 학자들이 심리학의 역사에 관한 제임스의 생각을 알고 싶어 그에게 연설을 길게 해달라고 요청한 적이 있다. 방대한 발표를 듣기 위해 모인 군중들은 제임스의 말이 겨우 몇 초 만에 끝나자 충격에 빠졌다. 그는 사람들에게 이렇게 말했다.

"지난 백 년간의 심리학 연구에 관해 이야기해 달라고 요청하셨는데요. 이 문장으로 요약할 수 있습니다. 사람들은 대체로 자신이 생각하는 자기 모습대로 변해갑니다. 좋은 밤 되십시오."

제임스는 자신의 믿음에 관한 이 사상을 '믿을 의지'라는 제목의 강연에서 확장해 나갔고, 1896년에 책으로도 출판했다. 즉, "내가 세상을 바꿀 수 있다"는 믿음이 진짜가 되려면 우선 사전 증거(아무 근거) 없이 이 믿음을 받아들여야 한다는 것이다. 다시 말해, 당신이 아직 세상을 바꾸지 않았다면, 맨 처음 할 일은 자신이 해낼 수 있다고 강하게 믿는 것이다.

크든 작든 유명하든 유명하지 않든 기업, 조직, 비영리단체, 대학, 그리고 정부도 그 이름 혹은 상표화된 독립체의 이름을 대신해 행동하는 개인의 집합일 뿐이다. 우리가 이들의 각본에 놀아나고 있다는 생각이 들면, 윌리엄 제임스의 '믿을 의지'에 따라 열린 마음으로 가능성을 받아들여보자. 내가 열망하는 그럴 듯한 진실에 관한 가정을 세우려면 결단이 필요하다. 제임스는 대인관계 각본에서 이렇게 말했다.

> "이루어진다고 미리 믿지 않았을 경우,
> 실제로 아무것도 이루어지지 않는다.
> 이를 증명할 수많은 사례가 있다."

간단한 예로 의정 활동이 있다. 아침 신문이나 좋아하는 뉴스사이트에서 '의회'에서 결정을 내렸다고 언급되지만, 사실 의회는 결정을 내리지 않는다. 정확히 말하면 의회는 사람이 아니기 때문에 결정을 내릴 수가 없다. 개인이 의회를 이루고 개인들이 의회의 이름으로 함께 결정을 내린다.

미국 정부는 레비아탄의 한 종류다. 정부가 제대로 기능하려면 의원들이 개인의 합리적인 이익 추구와 여론조사 수치를 제쳐두고, 미국이 해야 하고 할 수 있는 더 넓은 비전으로 나아가야 한다.

이때 소크라테스의 문제해결법이 필요하다. 팬데믹 위기를 겪고 더 정의로운 사회를 만들기 위해 투쟁하는 지금처럼 생각, 대화, 창조 과정이 더 절실했던 적은 없다.

Socrates'
way of thinking

18세기 후반 헌법제정자들이 정부를 통합하고, 독립전쟁 동안 주에서 발생한 부채를 맡아줄 중앙 재무부와 금융 체계를 상정했다.

하지만 이런 체계를 만든 건 정부가 아니다.

정부의 이름을 대신해 알렉산더 해밀턴이 주도했다. 그는 개인으로서 새로운 국가의 경제를 보장하는 데 필요한 선택을 내렸다.

조직이 스스로 결정할 능력이 있고, 스스로 존재하는 독립체라는 관점은 사람들의 시야를 제한한다. 그래서 개인적인 노력으로 긍정적인 변화를 가져오는 데 종종 가장 큰 걸림돌이 된다.

변화가 필요한 건 기업이 아니라 그 안의 사람들이다.

이때 소크라테스의 문제해결법은 자신의 가치를 분명히 나타내고 목적의식을 충족해주며, 조직의 문화가 나아갈 길에 긍정적인 효과를 주는 연장 세트다.

Think Talk Create

9장

믿을 의지가 있어야 바꿀 수 있다

The Will to Believe

보잉사의 임원진은 각자 계산기를 두들겨보고,
승객의 안전 대신 돈을 아끼는 쪽을 선택했다.
결국, 보잉 737 맥스8기가 추락했다.

소크라테스의 문제해결법을 실전에 도입하려면 낯설고 초조해진다. 자신이 조직의 문화를 바꿀 수 있다는 믿음이나 주변에 긍정적인 영향을 끼칠 수 있다는 믿음에 이의를 제기할 수도 있다.

하지만 세상을 바꾸려면 먼저 내가 할 수 있다는 걸 반드시 믿어야 한다.

오랜 시간 동안 인지 연구를 해왔지만 최근 20년 동안 가장 집중적으로 연구가 이루어졌다. 그 결과 우리가 자신을 생각하는 데 가장 큰 영향을 끼치는 요소를 알아냈다. 우리의 감정과 행동의 주요 결정 요인은 자신의 생각과 믿음이다.

인지행동치료^{CBT}는 인간에 대한 기본 관점과 심리적 문제의 발생 및 치유 과정에 대한 주요 원리를 파악하는 이론이다. 이 연구 역시 윌리엄 제임스의 '믿을 의지'의 개념을 뒷받침한다.

인지행동치료에서 신경촬영법(뇌영상) 연구는 인지행동치료가 어떻게 작용하는지, 나아가 우리가 무엇을 생각하고 행동할지를 어떻게 선택하는지 뇌의 역학을 설명한다. 이때 신경가소성(뇌가 외부 환경의 양상이나 질에 따라 자신의 구조와 기능을 변화시키는 특성)은 뇌세포의 주요한 성질로 전두엽과 편도체에 성장과 변화를 유도한다.

즉, 능동적 탐구처럼 인간의 뇌가 적응을 위해 행동과 생각을 분배하는 통합적인 기능을 수행한다. 능동적 탐구와 인지행동치료는 둘 다 대화의 형태로 생산적인 생각, 토론, 그리고 사회적 안녕을 촉진한다.

생각과 믿음은 저절로 생기지 않는다. 수동적으로 받아들이기만 할 필요도 없다. 사실, 우리의 마음이 온전하다면(심각한 정신질환이나 치매가 없는 상태), 우리는 모두 자유로운 인간이다. 그리고 타인의 삶을 개선하고 세상이 긍정적인 방향으로 나아가도록 도와야 할 도덕적 책임이 있다.

윌리엄 제임스는 자신의 효력을 믿는 것의 힘을 밝혔을 뿐 아니라, 우리에게 선택과 믿음을 행동으로 옮기라고 했다. 그와 동료들은 엄격한 이론과 경직된 유럽의 철학 시스템(임마누

엘 칸트가 완벽한 예)을 멀리했다. 진실은 개념이 아닌 현실, 우리가 매일 살아가는 혼란한 세상에 있다고 믿었다.

그 결과 국가 토속 철학인 미국 실용주의가 생겨났다. 이 학파는 우리의 마음에서 자라난 생각들이 우리가 세상을 나아갈 수 있게 돕는다고 말한다. 예를 들어, 인간성의 말살은 경제와 직업문화에 해를 끼친다고 믿었고, 신뢰와 심리적 안정감에 기초한 긍정적인 업무환경을 도입할 수 있다고 믿었다.

제임스의 철학과 실험 심리학이 인지치료의 신경과학과 합쳐져 2018년 시카고대학교에서 베르트랑 교수의 호소력 있는 연설을 가능하게 만들었다. 의도적 행동이란 그녀가 학위수여식 연설에서 졸업생들에게 책임감을 가지라고 말한 것과 같은 맥락이다.

베르트랑 교수는 졸업생들이 불량하고 부족한 기업 행위를 조직에 떠넘기지 말라고 말했다. 직접 변화를 이끌라는 의도된 행동이다. 덕분에 새로운 졸업생 중 다수는 가치 있는 기업에서 일하고 싶어 했다.

그리고 지금 현업에 있는 일부 조직들이 실제로 강한 목적의식이 있다는 건 반가운 소식이다. 하지만 조직이 변화하기를 기대하며 행동하지 않는다고 비난할 필요는 없다. 기업의 가치를 극찬하거나 혹은 규탄하는 데 시간과 힘을 낭비해서는 안 된다.

그럴 시간에 크든 작든 내가 변화에 기여할 수 있는 부분이 무엇인지 알아봐야 한다. 그러다 보면 직접 사업가가 되거나 새로운 조직이나 사업체를 세울 기회가 열리기도 한다.

case 풋노트의 창업기
: 변화에 어떻게 기여할 것인가?

조 모로네와 디아나 브라젤는 최근 몇 년 동안 꾸준히 수익을 올리고 있는 스타트업 기업인 풋노트의 창업자들이다. 조와 디아나는 복잡하고, 증거에 기초한 연구를 사용자 친화적으로 이해하기 쉬운 말로 번역하면, 고지식한 학계를 넘어 더 큰 영향을 줄 수 있다고 생각했다. 그런데 이 일을 잘하는 회사나 조직이 없어 둘이 직접 만들기로 결심했다.

풋노트는 학문적 지식을 이해하기 쉽게 바꿔 새로운 청중을 늘리고 지식의 영향력을 키우는 온라인 미디어 기업이다. '세상을 바꾸는 힘을 가진 연구의 시사회'라는 실용적인 목표 아래, 대학교 교수진과 협력해 기술적인 연구 논문을 기사문으로 바꾸고 잡지나 신문 등 여러 플랫폼에 기재한다.

이로써 전문가 저널이라는 정량적 지옥에 갇혀 있던 연구들을 해방시켰다. 새로운 발견들이 우리의 일상에 긍정적인 효과를 주게 된 것이다.

조와 디아나는 고객들과 밀접하게 대화하고 협력하며, 생각, 대화, 창조 과정으로 훌륭한 학자들의 연구가 더 널리 퍼질 수 있게 한다. 풋노트는 전략적 소통, 콘텐츠 창조, 출판 및 홍보라는 3가지 핵심 서비스로 결과를 내는 틀을 제공한다. 연구자들에게 어떤 연구를 했고, 왜 중요한지 개방형 질문을 하며 학자들이 자신의 역할에 관한 마음가짐을 넓게 가지도록 유도한다.

과학자들이 연구에 대한 관점을 넓히면 조, 디아나, 풋노트 팀이 협력해 연구물을 더 많이 활용할 수 있도록 기사로 만들어 발행한다. 풋노트는 심리적 안정감과 열린 토론을 통해 능동적 탐구 분위기를 조성하고 긍정적인 일터를 만드는 것에도 앞장서고 있다. 창립 초기에 회사를 유지하기도 버거웠지만 능동적 탐구를 실행했다. 둘은 대화를 통해 스스로 계속 물었다.

"어느 정도면 만족할까?"
"풋노트가 진정으로 어떻게 되기를 원할까?"

능동적 탐구 과정은 둘이 회사를 하나의 방향으로 끌고가

도록 만들었다. 잠재적으로 수익성이 있는 프로젝트라도 회사의 핵심 과업과 일치하지 않으면 하지 않았다. 둘은 처음 풋노트를 시작한 이유에 더 집중하면 긍정적인 결과가 나올 거라고 서로를 다독였다.

풋노트는 회사의 경영진과 협력 대학들 그리고 풋노트의 연구진들이 능동적 탐구에 기초한 지속가능한 사업모델을 개발했고, 수익도 증가하고 있다. 회사의 성공은 놀라울 정도다.

이들은 애리조나 주립, 브라운, 컬럼비아, 하버드, 스탠퍼드, UC버클리, 서던캘리포니아대학교를 포함해 주요 기관의 200명이 넘는 교수들과 성공적으로 업무를 진행했다. 풋노트는 〈안트레프리너〉, 〈포천〉, 〈하버드 비즈니스 리뷰〉, 〈인사이드 하이어 에드〉, 〈워싱턴 포스트〉 등의 언론매체에 증거 중심 기사를 게재했다.

조와 디아나는 의도된 행동과 책임감으로 뛰어난 결과물을 만든 훌륭한 사업가들이다. 둘의 이런 마음가짐은 환경위기 같은 문제를 해결하는 데도 필요하다. 기후 변화의 흐름을 바꾸기 위한 조치가 필요하다는 건 대중들도 분명히 알고 있다. 정부가 나쁜 기업 행위에 탄소세를 부과하고, 기관들은 새롭고 지속 가능한 획기적인 에너지 해결책을 제시해야 한다.

하지만 '그들'을 손가락질하기 전에 우리도 주변사람들과 능동적 탐구를 해야 한다. 내가 책임져야 할 부분에 더 많은 힘을 쏟아야 한다. 긍정적인 환경 변화를 위해 내가 실천할 수 있는 일이 뭐가 있을까?

그 예로, 기후 변화를 완화할 수 있는 중요한 5가지 덕목 중 3가지가 개인의 실천과 행동이다. 육류 섭취를 줄이고, 음식을 적게 버리고, (에어컨과 일반 냉장고) 냉각수를 효율적으로 사용하는 일이다. 그러니 기관이 나서 해안에 풍력발전 터빈을 설치하고 열대 우림을 복구하도록 도와야 한다. 하지만, 단지 '그들'이 행동하기만을 기다리고 있어서는 안 된다.

솔직한 능동적 탐구 과정을 하는 건 개인의 선택이다. 개인이 변하면 기업이 변한다. 그날 우리가 친구를 일깨웠던 것처럼 우리가 기업이기 때문이다.

간혹 조직의 규모에 비해 보잘것없이 작은 우리의 처지가 변화를 실천하기 더 어렵게 만든다. 예를 들어, 아마존 공장 직원에게 단독으로 아마존의 정량적 문화를 바꾸라고 말하는 건 불합리하다. 일터에서 능동적 탐구를 실천하고, 심리적 안정감이 드는 관계를 하나씩 늘려나가는 작은 노력부터 해나가야 한다.

심리적 안정감을 주는 업무환경은 실제로 생산성과 성과를 증가시키므로, 수익을 중시하는 아마존의 유통관리자들이라도 반대할 이유가 없다. 최근에 신뢰와 심리적 안정감이 직장에서 논의되는 비중이 늘고 있다고 한다.

그런데도 조직의 운영진이 이런 신뢰의 배양을 책망한다면, 베르트랑 교수가 졸업생들에게 자기 발로 신념을 행사하라고 격려한 걸 생각해보자. 일을 그만두는 건 누구나 할 수 있는 호사가 아니다. 고칠 수 없는 문화를 발견해 조직을 떠날 수 있는 사람도 있지만, 새로운 직장에 더 나은 자리를 찾을 때까지 버텨야만 하는 불운한 사람도 있다.

하지만 새로 취업한 졸업생들이 신념을 행사하기 위해 바뀌지 않는 회사를 떠나야 할 필요는 없다. 처음부터 자신이 바라는 목적과 가치에 맞는 기업을 향해 걸어들어가면 된다. 직장을 구할 때부터 월요일 아침에 어떤 유리문을 지나갈지 선택하면 된다.

'내 발로 행사하기'는 고객이 돈으로 표현하는 행위와 같은 정서가 있다. 우리는 직원으로서 행동하는 건 물론이고, 또 고객으로서 긍정적인 변화를 실천할 개인적인 책임도 있다. 무엇보다 전 세계의 조직들 내에 존재하는 단기적 이익 추구, 수치화, 계산적 사고를 포함한 정량적 태도가 곧 기업의 태도는 아니다. 기업을 이루는 개인의 태도이며, 그 상품과 서비스를 이용하는 고객의 태도다.

기업의 악행을 생각하면 2008년 금융 위기를 부채질한 대형 은행들이 먼저 떠오른다. 당시 많은 최고 임원이 개인적인 책임을 회피했다. 지금은 많은 사람이 이 관습을 바꾸려 노력하고 있다. 하지만 여전히 수백, 수천 명의 직원을 책임질 때 개인이 자칫 나쁜 결정을 할 수도 있다는 문제가 있다.

다른 관점의 예로, 75년 동안 독일사람들은 나치 정권에 동조한 시민 개인의 책임을 해결하려고 애써왔다. 모두가 문제의 조짐이 보일 때마다 생명과 생계를 내팽개치고 쇠스랑을 들고 바이케이드에 곧장 달려들 수는 없기 때문이다.

결국 시간이 지날수록 태도가 모호해진다. 최선의 경우에서조차 개인의 책임을 도덕적으로 규정하기는 힘들다.

case 보잉사의 미봉책
: 무엇이 비행기를 추락시켰나?

2019년 4월 어느 춥고 습한 날, 시카고 필드 박물관 앞에 극명한 딜레마가 나타났다. 보잉사의 로고가 찍힌 우산을 들고 기업의 연례 주주총회에 참석하기 위해 줄을 선 투자자 무리를 향해, 삼야 스투모*Samya Stumo*의 얼굴이 그려진 현수막이 비에 젖은 채 걸려 있었다. 그녀는 에티오피아 에어라인 302편으로 운항한 보잉 737 맥스8기가 추락하는 사고로 인해 사망한 피해자였다.

삼야의 삼촌인 타렉 밀러른는 조카의 얼굴이 그려진 현수막을 들고 있었다. 삼야는 개인의 노력으로 사회를 변화시킬 수 있다고 생각하는 사람이었고, 아프리카에서 의료활동이 필요한 사람을 돕던 공중 보건 변호사였다.

수십 년 동안 보잉사는 항공기의 기준을 만든다는 자부심과 목적의식으로 뭉쳐진 기업의 전형이었다. 품질, 안전 유지까지 흠잡을 데가 없었다. 표어가 "보잉이 아니면 타지 않는다"였다. 하지만 이제 그 말은 아련한 추억과 같다.

737기는 보잉의 아이폰이었다. 가장 유명한 제품이었고 은행 잔고를 채워줬다. 하지만 보잉은 경쟁사인 유럽의 에어버스로부터 심한 압박을 느끼고 있었다. 두 회사는 민간항공사 1위 자리를 놓고 항상 치열한 경쟁을 벌였다.

그런데 에어버스가 A320 네오의 출시를 발표했다. A320 시리즈는 보잉 737기의 라이벌 항공기로 이 둘은 단일 통로 여객기 시장을 양분하고 있었다.

보잉의 경영진은 처음에는 인내심과 시간을 갖고 더 좋은 항공기를 만들기로 했다. 앞으로 2~3년 동안은 시장 점유율을 뺏기겠지만, 더 새롭고 강력한 여객기를 만들기로 했다.

하지만 겨우 몇 달 뒤, 보잉은 신형 여객기에 관한 생각을 뒤엎고 미봉책으로 꺼내들었다. 737기를 임시로 업그레이드해 맥스라는 명칭을 붙인 것이다. 기업 임원진이 계산해보니 대당 1억 달러나 되는 여객기의 판매를 2~3년이나 줄이자니 손해가 너무 컸다. 그뿐만 아니라 그들이 놓치는 수십억 달러가 에어버스의 금고로 흘러 들어갈 것이 걱정되었다.

보잉사가 737기를 업그레이드해 맥스 라인으로 만든다는 결정을 발표하자 주가가 치솟았다. 맥스 기종의 주문이 5천 건 넘게 들어왔다. 심지어 일부 항공사는 맥스8의 향상된 성능을 고려해 새로운 항로를 추가하기도 했다. 737 맥스8기는 보잉사의 효자상품인 737기를 대체할 것으로 기대됐다. 업계 전문가들은 이 여객기가 보잉사 연매출의 40퍼센트까지 차지할 것으로 추정했다.

보잉은 여기에 만족하지 않고, 판매 금액을 낮추고자 무리하게 가격표를 책정했다. 일부 안전 기능을 제품 표준이 아닌 선택사항으로 만들었던 것이다. 이건 여객선의 구명보트를 선택사항으로 만든 꼴이었다.

보잉의 정량적 분석은 운영자금에 허덕이는 다른 나라 항공사에 있는 동지들을 유혹했다. 이들은 각자 계산기를 두들겨보고 승객의 안전 대신 돈을 아끼는 쪽을 선택했다.

추가로, 보잉은 항공사와 파일럿들에게 737 맥스8기에 소프트웨어적인 결함이 있어 비상시 급강하 할 수 있다고도 설명하지 않았다. 이것은 참사가 발생한 큰 원인 중 하나가 됐다.

보잉은 현대 과학적인 경영법의 가르침에 따라 계속 숫자만 주시했다. 달력의 비행기 배송 일정에 따라 돈이 들어오고 나갔다. 이 과정에서 관리자들은 그들이 감수하고 있는 위험의 인적 요소와 인적 비용을 무시했다.

원래 보잉의 수익을 이끌던 전통적인 가치는 자존심, 품질, 정교함 그리고 대중의 안전을 우선시하던 자세였다. 하지만 이제 그런 가치는 사라졌다. 주주의 가치를 최우선으로 여겼고, 이런 근시안적인 경영은 직원들을 곤경에 빠뜨렸다. 그리고 수백 명을 죽일 제트기를 시장에 내놓도록 만들었다. 항공기 제작사가 안전 규정을 무시하고 하늘에서 추락하는 비행기를 만드는 일이 그렇게 일어나버렸다.

회사가 당장 수익을 올리는 일에 몰두하느라 경직되면 공감능력이 사라지면서 여러 실수가 발생하기 마련이다.

2019년 3월에 삼야가 탄 비행기가 추락하기 5개월 전, 2018년 10월에 라이온 에어 플라이트 610(보잉의 신형 737 맥스8기)가 인도네시아에서 이륙하자마자 바다로 곤두박질치면서 189명이 모두 사망한 사건이 일어났다.

첫 번째 참사가 일어난 후에도 보잉은 똑같은 실수를 반복했다. 두 번째 사고는 346명이라는 더 많은 생명을 앗아갔다.

첫 번째 사고 후에도 보잉은 결단을 내리지 않았다. 경영진은 한때 전설로 추앙받던 브랜드에서 승무원의 역할을 했던 개인들이다. 이 자리에 다른 사람들이 있었다면 보잉은 문제가 많은 맥스기를 이륙시키지 않았을 것이다. 경영진은 베르트랑 교수의 연설에서 가장 핵심적이지만 간과하기 쉬운 말을 기억했어야 한다.

"선택은 당신이 합니다."

삼야는 소비자를 대변하던 선구자이자 1965년 《어느 속도에서도 안전하지 않다: 미국 자동차의 설계상 위험》을 출판한 랠프 네이더*Ralph Nader*의 조카였다. 삼야는 수익에만 사로잡힌 회사가 기본적인 인권을 무시한 결과 사망하게 되었다.

보잉의 재무상태가 요동쳤다. 2020년 초 보잉의 주문과 출고 상황은 16년 만에 최저치를 기록했고, 많은 주문이 경쟁사인 에어버스로 향했다. 보잉 737 맥스8기의 두 번째 인명사고가 발생한 지 일 년도 채 되지 않아, 보잉의 CEO 데니스 뮬런버그는 해고되었다. 그는 6천만 달러가 넘는 금빛 낙하산(고액의 퇴직금)을 매고 뛰어내렸다. 사고가 난 두 여객기를 탄 승객은 낙하산을 하나도 받지 못했는데 말이다.

보잉의 직원과 임원들이 신형 여객기를 시장에 내놓아도 될지 능동적 탐구와 유의미한 대화를 나눌 수 있는 업무환경이었다면 비극을 피할 수 있었을 것이다. 하지만 수익에만 집중하면서 규제가 허술해지고 잘못된 절차를 서두르게 되었다.

2019년 12월 〈블룸버그〉는 "수익만 강조하는 현상이 수십 년 동안 이어져 온 파일럿, 기술자, 설계자들의 생산적인 대화를 방해했다"고 논평했다.

기업이 최소한 임원진, 기술자, 다른 직원과 이사회, 주주들이 건실한 대화를 나누도록 조금만 멈추고 시간을 줬더라면 어땠을까? 이런 대화를 구축하는 방법은 다양한데 반드시 호기심과 학습이 따라야 한다. 보잉사는 다음과 같은 개방형 질문들로 틀을 만들 수 있다.

- 보잉 737 맥스8기를 판매하고 출고하기 전에 어떤 안전사항을 표준화해야 할까?
- 재무 분석가들의 생각은 어떻게 다를까?
- 당장 수익을 원하는 주주들과 다른 이해당사자들의 안전상 이익 사이에서 어떻게 균형을 맞출 수 있을까?
- 최악의 상황이 일어나면 기업의 평판과 장기적 이익은 어떻게 변할까?

이 질문들로 대화를 나눴다고 해서 결과가 달라졌을 거라고 확신할 수는 없다. 하지만 비극을 피했을 수 있는 최선의 방법이다.

＊＊

보잉, 페덱스, UPS 같은 수십억 달러 가치의 기업들은 새로운 안전절차를 만들고 작업환경을 개선할 능력이 충분하다. 그런데 왜 이 조직들이 직원들의 건강과 안전에 안타까운 대가를 치르면서까지 효율성과 배송시간에 과하게 집중하는지 생각해봐야 한다.

배송속도는 중요하다. 개인 및 기업 고객들은 상품이 제때 도착하길 바란다.

UPS의 최대 고개 중 하나는 아마존이다. 반면, 페덱스는 연간 수익의 1퍼센트 미만만 아마존과 연관되며, 다른 전자상거래 거인인 월마트와 일한다.

UPS는 2018년에만 약 4억 개의 화물을 아마존을 대신해 배송했다. 일부 전문가들에 따르면, UPS의 연간 수익의 약 10퍼센트라고 한다. 그래서 UPS는 아마존과의 관계를 매우 중요하게 생각한다.

아마존은 프라임 고객들에게 무료 2일 배송을 제공한다.

특정 카테고리의 일부 품목은 당일 배송을 해야 하므로 UPS 에게 배송을 정확하게 해야 한다고 압박한다.

그리고 이런 정량적 관계의 고리가 다음 단계에 영향을 준 다. 페덱스와 UPS의 관리자들은 운전기사의 안전까지 담보로 하며 배송팀에게 엄청난 압박을 가했다. 정량적 압박의 원인 은 고객들이 요구하는 효율성과 낮은 배송금액에 있다.

이 회사의 고객 중에는 미국 전자상거래 시장의 엄청난 부 분을 차지하는 월마트와 아마존 같은 거대 기업에 다니는 계 산적인 태도의 임원진도 포함돼 있다.

자사의 이익에 집착하는 이 기업들은 최근 몇 년 동안 직원 들에게 비인간적인 환경을 제공한다는 기사를 막기 위해 애쓰 고 있다. 하지만 고객들은 상품이 주문한 당일에 도착하거나 아무리 늦더라도 48시간 안에 도착하길 원하니 상황은 나아 지기 힘들다.

아마존은 당일 배송을 요구하거나 유지하라고 요구하지 않 았다. 중요하다고 생각하지도 않았다. 기업이 이 서비스를 확 장하는 이유는 개인 고객들이 자신의 3달러짜리 양말이 잘 만 들어졌는지 궁금해 48시간 안에 받아보기를 원하기 때문이다.

이렇게 비인간화의 정량적인 힘을 찾아 올라가다 보면 그 끝에는 고객으로서의 개인이 나타난다. 빠른 배송과 즉각적인 만족감을 향한 우리의 욕망이 거대한 스트레스와 삶의 질 저하, 요절을 만드는 경제체계를 받치고 있다.

문제의 근원이 우리 개인으로 드러났으니, 개인의 책임과 의도된 행동에 관한 불편한 질문을 다시 마주해야 한다. 우리는 일상에서 많은 결정을 내리지만, 어떻게 생각하고 무엇을 믿을지 선택하는 일이 가장 중요하다.

예를 들어, 누군가 에어컨을 끄면 환경에 긍정적인 영향을 준다고 믿기로 결정함으로써 '믿을 의지'를 행사할 수 있다. 이제 생각을 실천으로 옮길 책임이 생긴다. 그렇다. 에어컨을 끌 수 있고 끌 것이다. 의도된 행동의 대립은 해결해야 할 문제와 우리가 진지한 결정과 행동절차를 통해 영향을 줄 수 있음을 깨닫는 데 있다.

*
* *

기업과 사회는 우리와 같은 개인들로 구성돼 있다. 일부는 소비자와 거래하는 기업의 CEO들이고, 일부는 야간 배송이 불필요한 상품을 야간 배송으로 구매한 구매자들이다. 우리가 어디에 속하든 숫자 우선주의 문화로 생긴 문제들은 평범한 사람들의 노력으로만 해결될 수 있다.

CEO는 개인으로서 주주들에게 업무환경을 더 인간적으로 만드는 친사회적 결정이 주식의 가치를 높이는 최선의 방법이

라는 걸 보여주기 위해 무엇을 할 수 있는지 스스로 물어봐야
한다.

　신뢰, 공감, 그리고 심리적 안정감이 일터에 생기면 수익이
증가한다는 걸 보여주는 탄탄한 연구를 활용해도 된다. 또한,
야간 배송하는 양말 구매자나 에어컨을 최대로 켜둔 사람들도
개인으로서 자신의 가치와 대립하는 행동을 지속하는 장단점
에 대해 생각해봐야 한다.

모든 조직은 팬데믹 격리 전, 그리고 미투 운동과 블랙 라이브스 매터(흑인 인권운동) 전부터 탈공업화되고 네트워크화된 21세기를 어떻게 헤쳐나갈지 최선의 결정을 해야 한다.

점점 비인간화되는 업무환경의 흐름을 바꿔서 소크라테스의 문제해결법으로 인간적인 환경을 만들어 내지 못할 경우, 결국 살아남지 못할 것이다.

회사들은 단기수익에만 집중하는 행태를 초월해야 한다.

심리적인 안정과 항공 안전을 포함한 모든 안전을 지키는지 제대로 살펴야만 회사의 가치와 생산성이 파멸하지 않을 수 있다.

Think Talk Create

10장

철학자의 생각법에서 찾아낸
소크라테스 성공법칙

Project Socrates

팬데믹 시대에 소크라테스라면 어떻게 했을까?
그는 분명 많은 수치를 게걸스럽게 먹으려 들지 않고,
우리의 가치와 방향을 올바로 잡기 위한
질문들을 했을 것이다.

생각, 대화, 창조라는 방법은 자본주의, 과학 그리고 기술이 지배하는 사회에서 인적 가치와 삶의 질을 증진하기 위해 고안되었다. 정량적인 정보, 수치, 숫자, 재정적인 평가, 예산 수지, 측량, 혹은 성장을 문제 삼지 않는 게 중요하다. 우리는 자본주의를 폐지하거나 다른 새로운 체계로 바꾸는 급진적인 변화를 지지하는 게 아니다.

사실 자본주의의 원칙에는 세상을 긍정적으로 변화시키는 엄청난 능력이 잠재돼 있다. 자본주의는 인류가 알고 있는 가장 건설적인 경제 요인 중 하나로, 가난을 구제하고, 질병을 치료하고 세계 평화를 정착시킨 체계다. 하지만 인간의 제도인 자본주의는 지독하게 비인간적으로 변할 수도 있다. 우리가 원하는 건 간단하면서도 강력한 변화다. 바로 인간 본연의 대화로 조성할 수 있는 마음가짐의 변화다.

> "우리는 우리가 누구인지 알지만,
> 어떤 사람인지는 모른다."

셰익스피어의 《햄릿》에 나오는 오필리아의 대사다. 우리가 누구인지 알더라도 모르는 부분에 대해 영향을 주려면 꾸준히 시도해야 한다. 그저 바라기만 해서는 안 된다. 비록 미래의 영역이지만 우리 공동의 잠재성은 우리 개인의 행동을 통해서만 결정된다. 우리가 무엇이 될지는 우리의 선택과 이를 현실화하는 실용적인 절차로 결정된다.

능동적 탐구를 통한 인간성 확보

현대의 많은 문제들은 간단한 능동적 탐구 과정만 거쳐도 해결할 수 있다. 여기에는 기후 변화부터 제품과 직원의 안전까지 모두 포함된다.

능동적 탐구에는 도덕과 윤리적 가치가 있다. 정해진 대답이 아니라 개방형 질문을 주고받는 대화에는 존중과 품위가 있다. 이것은 회사를 위한 실용적이고 금전적인 이익과는 별개로 매우 가치 있는 일이다. 어른들뿐 아니라 오랜 시간 두뇌와 인성을 발달시켜야 할 아이들과 청소년들도 배워야 할 가치가 있다.

교육 및 근무 환경에서 능동적 탐구를 완전히 받아들이면 비인간화에 대응하는 강력한 힘을 모을 수 있다. 직원, 사장, 임원, 주주, 모두에게 좋은 일이며, 이들과 교류하는 모든 사람에게도 좋은 일이다.

능동적 탐구를 도덕적 의무로 개념화하면 개인 및 업무환경의 잠재력을 향상한다. 우리가 의식적으로 능동적 탐구를 하고 사람들의 말을 경청하면 상대의 스트레스를 줄이고, 자존감을 높이며, 근본적인 인간애를 강화한다. 일터를 긍정적으로 만들고 사회를 안정적이고 성장하게 하는 힘이 된다. 능동적 탐구는 단지 대화를 생산적으로 만들거나 회사에 수익을 가져다주는 기술 이상이다. 사회 전체에 막대한 이득을 만들어낼 수 있다. 문화를 광범위하게 변화시키는 엔진이 돼, 생물학적으로 그리고 심리적으로 결함이 있는 인간이 번영하고 성장하는 공동체를 만들 수 있게 된다.

미국 정치를 매년 악화시키는 당파성과 양극화를 줄이기 위한 최선의 선택이다. 영향력 있는 사람들만이라도 시간을 들여 능동적 탐구에 능숙해지면, 조직 전체에 적용해 모두에게 좋은 영향을 발휘할 수 있다.

젊은 사람들 특히 밀레니엄과 Z세대는 기업이 사회에 얼마나 널리 기여하는지를 중요하게 생각한다. 사회적 정의나 환경 보호 같은 요즘 주요 토픽에 대해 도덕적인 자세를 취하지 않는 기업들은 언론의 부정적인 시선을 받거나 최고의 인재를 구하기 어려워진다.

젊은 세대는 능동적 탐구와 생각, 대화, 창조 같은 전략으로 대화하는 기업들이 사업을 잘하는 만큼 선해지는 방법을 찾아야 한다고 주장한다.

능동적 탐구는 자본주의가 양심적으로 발달할 수 있게 만든다. 존중, 품위, 그리고 도덕적 가치가 경제체계의 첨탑이 되어야만 목적의식을 가지게 된다. 능동적 탐구는 협력, 브레인스토밍, 수익성을 증진한다.

사회경제적 모든 스펙트럼에 있는 사람들의 사회적 관계의 질을 높이는 데 집중한다고 해서 능동적 탐구를 활성화하고 사람들을 존중하는 일이 정치적 혹은 경제적 '사회주의'의 형태인 건 아니다. 신뢰, 협력, 그리고 다른 의견을 존중하는 사업팀이 성과와 수익성에서 최고 수준을 나타냈다는 실증적 연구가 있다.

**

    능동적 탐구는 단순히 매출을 올리는 것보다 중요한 이득이 있다. 2018년 학술지 〈사이콜로지컬 사이언스〉에는 아이들에게 일방적으로 말하는 게 아니라 함께 이야기할 때 뇌에 놀라운 효과가 나타난다는 연구가 발표됐다. 이 차이가 능동적 탐구의 핵심이다.

    다양한 나이대의 아이들과 나누는 대화는 성인과 하는 능동적 탐구 과정과 비슷하다. 이때 언어적 과정을 책임지는 뇌의 부분들이(브로카 영역을 포함) 눈에 띄게 활성화된다. 새로운 신경 촬영법 연구는 이 현상의 놀라운 증거를 제시했다. 뇌의 활성화에 따라 언어의 평가 점수도 예상할 수 있다.

    능동적 탐구는 성인들이 직장에 도입하기 수십 년 전부터 이미 역할을 수행하고 있었다. 부모와 선생님은 우리가 인생에서 처음으로 만나는 상관 혹은 관리자들이다. 아이들이 능동적 탐구를 일찍 경험할수록 나중에 사회적으로나 경력 측면에서 성공할 확률이 높아지는 것이다.

    이처럼 능동적 탐구는 실용적으로 변형될 수 있다. 하지만 습득하고 강화하려면 주의를 기울이고 연습해야 한다. 이것은 진화의 산물인 인간만이 할 수 있는 최고의 선이다. 인간만이 개방형 질문들로 진행되는 대화와 경청으로 혁신, 창조, 생산성을 끌어낼 수 있다.

소크라테스의 문제해결법이라면 정치를 발전시키고 글로벌 기업이 환경을 보호하는 방향으로 세상을 움직일 수 있다. 수십억의 사람들에게 안전, 평안, 번영의 기회를 제공할 것이다. 충분히 해낼 수 있다.

이 방법은 기술적이고 정량적이며 비인간화가 늘어나는 시대에 우리가 받아들여야 하는 현대적인 진화라고 할 수 있다. 가족 혹은 동료와의 일상적인 교류부터 세계 정상들의 회의까지 인류의 성공은 얼마나 철저하게 능동적 탐구를 받아들이는지에 달려 있다.

능동적 탐구의 기본 단계에서는 먼저 의식적으로 잠시 멈추고 자신의 내적 신념체계인 '생각하기'를 확인해야 한다. 세상에서 내가 누구인지에 관한 중요한 인식은 나의 행동에 따라 크게 달라지니 우리가 확실히 다룰 필요가 있다. 이러한 신념은 우리가 묻는 질문들의 원동력이다.

자기 인지가 없다면, 유의미한 생각을 이끄는 개방형 질문이 불가능하다.

고대 그리스의 델포이에 있는 아폴로 신전의 명언이 떠오른다.

"너 자신을 알라."

능동적 탐구를 적용할 가장 중요한 인물은 매일 아침 거울 속에 있는 나 자신이다.

우리가 깊이 자아 성찰하고 정해진 답이 없는 어려운 질문을 스스로 던질 수 있다는 건 인간성의 보증 마크와 같다. 이 과정에는 철학의 자랑스러운 전통과 현대 신경 촬영법의 기초가 들어있다.

서양 철학에서 이 전통은 아우구스티누스가 자신이 젊은 시절 저지른 죄를 반성하고 기독교로의 개종을 기술한《고백록》에서 가장 두드러지게 나타난다. 수 세기 후《제1 철학에 관한 성찰》에서 르네 데카르트는 반드시 진실인 ('악마'의 기만이 아닌) 근본적인 생각을 찾기 위해 마음속을 들여다봤다. 그리고 서양 철학을 정의하는 문구에 도달한다.

"나는 생각한다. 그러므로 나는 존재한다."

현대 신경과학의 시대에 자기반성에 관한 연구는 수도원과 상아탑에서 병원의 MRI실과 연구센터로 대부분 옮겨갔다. 기능적 MRI는 우리가 다양한 정신적 과업을 수행하는 동안 대사가 활발하게 작용하는 뇌의 부분을 보여주는 기술이다. 실험에서 실험 대상자가 자아성찰을 하면 기능적 MRI를 통해 변연계와 전두엽이 활성화된 모습을 볼 수 있다.

2012년 학술지 〈BMC 신경과학〉에 '외부 자극이나 행동을 요구하지 않는 짧고 집중적인 자아성찰'의 연구를 기술한 논문이 게재됐다. 이에 따르면, 자아성찰을 할 때 '배내측 및 측면 전두엽, 도부, 전측, 후측 대상회'가 두드러지게 활성화된다고 한다.

대니얼 카너먼의 체계 1(대뇌변연계의 대상엽)과 체계 2(전두엽)의 바탕이 되는 부분이다. 능동적 탐구는 타인과의 정서적 유대 관계나 이성적 분석의 섬세한 결과물로 체계 1과 2를 통합하는 역할을 한다.

우리가 스스로 좋은 질문을 던지든 다른 사람의 마음을 캐묻든 자아성찰은 절대적으로 필요하다. 이 기능적 MRI 연구들은 능동적 탐구를 위한 신경학적 기질들을 밝혀냈고 증거 기반 세계에서 신빙성을 높였다.

생각, 대화, 창조의 내적 과정은 생각을 유발하는 개방형 질문을 하기 위한 자기반성 능력으로, 다른 사람과 능동적 질의를 하는 기초가 된다.

자신의 감정과 인지 과정을 조절해 좋은 질문을 만들지도 못하면서, 과연 다른 사람에게 개방형 질문을 할 수 있을까? 반대로 강한 질문의 내적 발전은 대화 상대자의 답변과 기여로 형성된다. 능동적 탐구는 자신과 상대에게 곧바로 향해 있는 동전의 양면과도 같다.

고립되는 시대일수록 절실한 '능동적 탐구'

미국 사회는 대중의 건강과 경제 활성화 사이에서 어떻게 균형을 맞춰야 할지 갈림길에 서 있다. 이 책은 지금까지 건강 관리와 사업의 세계를 넘나들며 비인간화된 사회를 살펴봤다.

코로나19 팬데믹은 우리가 평생 보지 못한 두 가지의 충돌을 일으켰다. 대부분 정량적인 생각과 인간적인 추론이었다. 많은 정치인과 기업인들은 실업 및 경기 하락을 우려해 코로나바이러스 확산을 방지하기 위한 제재를 반대했다.

그러나 경제를 빨리 개방하면 단기적으로 경제가 안정화될 수 있지만, 한편으론 팬데믹이 더 악화돼 나중에 더 많은 기업이 폐쇄되는 위험도 갖고 있다. 경제의 일부분을 빠르게 폐쇄하는 인도적인 관점은 코로나19로 치명적인 상태에 이르거나 사망하는 사람을 줄여 장기적으로 봤을 때 경제에도 긍정적인 이득을 준다.

이런 시기일수록 변연계에서 나오는 감정(공포화 분노)들을 흡수해 가치와 의미가 있는 성찰로 바꿀 수 있는 전두엽이 우리에게 필요하다. 전두엽은 뇌에서 최고 책임자의 역할을 한다. 감정을 통제하고, 계획을 세우고 핵심적인 목표를 이루도록 행동을 잘 배열한다. 우리가 삶을 잘 꾸려나가려면 높은 성능의 전두엽이 필요하다.

또 우리의 리더들은 사회에서 전두엽 같은 역할을 하며 신중하고 현명하게 사람들을 이끌어야 한다. 모든 것이 자연스럽게 돌아가야 생각, 대화, 창조 과정이 작동하는 모습을 볼 수 있다. 하지만 최근에는 기대했던 만큼 이뤄지진 않았다. 정부와 일부 기업은 2020년대의 초반을 이상적으로 시작하지 못했다. 간혹 우리 사회는 피니어스 게이지가 외상성 두뇌 손상을 입은 후 장애를 얻은 모습과 비슷해 보인다.

2020년의 팬데믹은 건강과 경제 사이의 긴장을 폭발 직전까지 끌어올렸다. 경제가 침체하고 수천만 명의 사람들이 직장을 잃으면서, 미국과 세계의 많은 국가에 공포와 분노의 불씨가 생겨났다.

봄에는 잔인한 경찰이 조지 플로이드를 죽여 시위와 폭동이 이어졌고, 사회를 불안정하게 만들었다.

2020년 미국 대선에서는 원한과 선동이 급증했고 결국 더 큰 혼란만 남게 됐다. 우리는 이런 불안이 결국 더 나은 사회적 경제적 평등을 향한 긍정적인 운동으로 이어지기를 희망한다.

정부 기관이 제 역할을 했던 일부 국가는 일시적인 폐쇄로 바이러스의 활동을 가라앉혔다. 이 정부들은 갑작스럽고 극단적인 변화에 큰 피해를 본 사람들을 돕기 위해 적절하게 준비했다. 반면에, 미국은 훨씬 마구잡이였고 엉터리였다.

사회 지도층이 대대적으로 실패하는 가운데 많은 개인과 기업이 나서 정부에게 없어 보였던 전두엽의 역할을 대신했다. 우리와 함께 일하는 국제적인 컨설팅 기업은 어떻게 공중보건과 경제 위기를 침착하고, 정중하며, 또 장기적인 성장과 수익성에 관한 안목으로 다룰 수 있는지 직접적인 성과를 이뤄냈다.

이 기업의 경영진은 직원들이 갑자기 재택근무로 전환하게 되자, 주도적으로 자주 소통했다. CEO와 다양한 부서의 관리자들은 즉시 사람들이 어떻게 지내고 있는지, 또 집에서 편하고 효율적으로 일하려면 무엇이 필요한지에 대해 이메일, 전화 혹은 영상 회의를 통해 물어보기 시작했다.

관리자들은 직원들이 회사의 컴퓨터 시스템에 로그인해 업무를 하는지 종일 감시하지 않았다. 대신 직원들에게 필요한 만큼 쉬면서 아이들과 반려동물을 돌보고 업무의 과정보다는 결과에 더 신경 쓰도록 했다. 직원들을 어른으로 대하며 심리적 안정감이 드는 문화를 조성했다. 또 회사가 새로운 현실에 적응하려면 어떻게 해야 할지 모든 피드백을 받았다. 직원들에게 매주 건강과 마음 챙기기 수업을 제공했다.

이 기업은 팬데믹을 거치며 정부가 사무실을 다시 열도록 허가한 뒤에도 집에서 계속 일하는 건 어떤지 사람들에게 꾸준히 물어봤다. 다양한 응답이 나오자, 유연하게 접근해 사무실과 집을 오가는 업무를 무기한으로 연장했다.

일부 사람들은 현장에서의 소통을 그리워했지만, 출퇴근하지 않는 걸 좋아하는 사람도 있었고, 산만한 사무실에서 벗어나자 생산성이 늘어난 사람들도 있었다. 앞으로 어떻게 일할지 선택은 개인에게 주어졌다.

이 컨설팅 기업은 미국의 다양한 지역에 있는 고객사에도 비슷하게 접근했다. 새로운 사업의 기회가 줄어들었지만, 고객들에게 온라인으로 회복력 세미나와 워크숍을 할인된 가격이나 무료로 제공했다.

위기 기간에 가격을 올리는 대신 관계의 질을 유지하면 결국 보답받게 되리라고 믿었다. 이 기업은 미래를 확신했다. 일시 해고는 없었고 휴가를 보낸 사람도 거의 없었다. 외부 하청업자들은 일이 줄어들었지만, 세미나나 콘퍼런스를 통해 문의하고 활발하게 의논하는 방식으로 관계를 강화했다.

2020년에 월 수익이 계획보다 30퍼센트가 줄었지만, 기업의 리더들과 직원들은 매우 성공적인 해를 보냈다.

이 기업은 관계를 강화하고 다양한 형태로 능동적 탐구를 진행하며 직원 및 고객들과 신뢰를 쌓았다. 적어진 수입과 면도칼처럼 얇아진 수익률이 걱정됐지만, 이미 인간적인 위기 대처가 더 빛을 발한 상황이었다. 미래를 위해 투자했고 의미 있는 성과를 거뒀다. 팬데믹이라는 예상치 못한 재난 속에서 정량적인 사고에만 빠져들지 않고 멋지게 피해 갔다.

*

정량적인 면과 인간적인 면에서 모두 성공한 사람과 기업들은 지금까지 보아왔듯이 능동적 탐구, 심리적 안정감, 그리고 공감에 높은 가치를 둔다. 인간의 존엄성을 존중하고 신뢰와 협동을 뿌리로 한 환경을 조성해 비인간화를 막는다.

이들은 사람들이 편도체 납치에 빠지지 않은 고요한 두뇌의 상태에서, 감정과 이성을 통합하는 전두엽을 써서 숫자와 도덕적 정서를 모두 고려하는 현명한 의사결정을 내리도록 독려한다.

코로나19 팬데믹은 이런 움직임을 더욱 입체적으로 드러냈는데, 일부 기업들은 태풍을 이겨내기 위해 숫자에 더 집착했다. 다행히도 이런 상황에 더 장기적인 안목을 가진 기업들은 급여를 가능한 평소대로 지불하며 좋은 인력들을 유지하기 위해 노력했다.

이런 위기상황에서 미국 정부는 잘못된 대응으로 실망감을 줬다. 호의적인 경제 수치를 단기적으로 지키고자 너무 빨리 경제를 개방한 것이다. 일부 주에서는 코로나바이러스가 더 퍼져나가며 사망자와 중환자의 숫자를 늘렸다. 그리고 완전 봉쇄 기간이 한두 달 더 늘어나며 경기에 큰 충격을 주고 실업을 늘리게 했다.

팬데믹은 능동적 탐구에 안성맞춤인 전형적인 딜레마 상황이다. 다양한 분야의 전문가들이 모여야만 해결할 수 있는 엄청나게 복잡한 문제를 만들었다.

바로 경제적 건강과 국가의 건강 유지라는 필수적이지만 서로 상충하는 주제의 균형을 맞추는 일이었다.

하지만 트럼프 정부는 모두가 목소리를 낼 수 있고 아무런 제한도 없는 개방형 대화를 하는 대신, 위기를 당파적 이익에 이용하기 시작했다. '미국을 다시 위대하게' 만든다는 정부 방침에 팬데믹이 피해를 주지 않도록 제한했다. 전문가의 의견은 즉시 기각되었고 터무니없는 의견들이 두서없이 떠돌았다. 수많은 사람의 목숨보다 주가지수와 GDP 수치가 우선시됐다.

무엇보다 미국은 행정부 간, 그리고 다른 국가들과의 협력을 거부하고 혼자 해결하려 했다. 일각에서는 이 사태가 부풀려졌다고 주장하며 마스크 쓰기, 사회적 거리두기, 다른 예방책들을 거부하기도 했다.

어떻게 공중 보건의 엄청난 위기가 거친 정치적 전쟁으로 바꿰었는지는 복잡하고 불안한 문제가 있다. 하지만 한 가지는 확실하다. 능동적 탐구는 거의 찾아보기 힘들었고, 워싱턴에는 전혀 없었다.

지도자들은 열린 마음으로 대화하면서, 서로의 건강을 지키고 경제적 안정을 꾀할 방법을 찾지 않고 무얼 했던 걸까? 웨스트 윙(미국 대통령과 보좌관을 다룬 정치 드라마)에 소크라테스를 위한 사무실은 없었다.

숫자가 아니라 철학으로 봐야 한다

팬데믹 기간은 모든 것이 숫자로 이루어진 세상이었다. 코로나바이러스 신규 감염자, 검사 양성 비율, 입원자, 사망자 등. 코로나바이러스 관련 숫자들과 함께 실업자 수, S&P 500의 가치, 그리고 경제 안정에 관해 의회에서 말다툼하는 소리까지 지겹게 들어야 했다.

소크라테스라면 분명 많은 수치를 게걸스럽게 먹으려 들지 않고, 우리의 가치와 방향을 올바로 잡기 위한 질문들을 했을 것이다. 우리는 모두 자신의 일상과 일터에서 이런 질문을 해야 할 필요가 있다. 나 자신 혹은 우리 사회 외에 정부나 어떤 권력도 우리라는 주체가 어떻게 행동할지에 관해 관여할 수 없다.

심지어 소크라테스 전에도 근본적인 질문을 했던 사상가들은 많았다.

"우리가 사는 세상은 무엇일까?"
"힘은 어떻게 정의할 수 있을까?"

사상가들 중 탈레스*Thales*는 기원은 땅에 있으며 힘을 정의하는 핵심은 유형의 측정할 수 있는 것, 바로 물 안에 있다고 생각했다. 그의 친구인 아낙시만드로스*Anaximander*는 기원이 땅에 있다는 데는 동의했다. 그러나 힘의 정의란 측정할 수 없는 무한한 것이라 논쟁을 벌였고, 문자 그대로 '무제한'을 뜻하는 그리스 용어를 파생시켰다. 측정할 수 있는 것과 측정할 수 없는 것 사이의 거리는 이삼백 년 뒤에도 이어졌다.

*
**

소크라테스는 얼굴을 마주하고 대화해야만 해석이 잘못될 여지가 적다고 생각했다. 그래서 아무것도 글로 쓰지 않았다. 운 좋게도 그의 애제자가 플라톤이었다.

플라톤은 학급에서 A를 받는 학생처럼 부지런히 필기한 내용을 자신의 유명한 대화들로 풀어냈다. 그중 많은 부분이 시간이 흘러도 변치 않는 소크라테스의 질문들을 담고 있었다.

이후 플라톤은 유명 철학자인 아리스토텔레스를 가르쳤다. 소크라테스의 학문적 손자인 셈이다. 플라톤과 아리스토텔레스는 모든 부분에서 의견이 같지는 않았다. 이탈리아의 예술가 라파엘은 1510년경 플라톤과 아리스토텔레스가 등장하는 걸작 〈아테네 학당〉을 그렸다. 둘은 그림의 가운데 함께 있지만, 핵심 사상이 서로 다르다는 걸 표현했다.

플라톤(이상주의)의 손은 위로, 즉 천국을 향해서 우리의 세상은 측정할 수 있는 절대적인 것으로 이루어져 있지 않다는 믿음을 보여준다. 반대로 아리스토텔레스(사실주의)는 손을 땅과 수평하게 앞으로 뻗어 세상의 물체들은 측정할 수 있다는 믿음을 보여준다.

이 그림은 사실에 기초한 과학과 인간의 가치에 관한 철학 사이의 긴장감을 준다. 그래도 라파엘은 완전히 다른 생각을 가진 플라톤과 아리스토텔레스가 서로 이야기를 나누고 있는 모습으로 표현했다.

이런 긴장감은 우리가 중학교 수학 시간에 배운 공식으로 유명한 기원전 6세기의 그리스 학자 피타고라스의 연구에도 뚜렷하게 드러난다. 우주의 수학적 법칙은 삼각형의 세 변의 길이와 관련된 간단한 방정식에서도 우아하게 나타난다.

직각 삼각형 빗변의 제곱은 다른 두 변의 제곱의 합과 같다 ($a^2+b^2=c^2$). 숫자에 자연을 반영한 명확성은 수 세기가 흘러 고전 역학을 이루는 아이작 뉴턴의 세 가지 물리 법칙으로 귀결됐다. 여기에는 모든 물체의 힘*force*, 질량*mass*, 가속도*acceleration* 사이의 고정된 수학적 관계를 나타내는 등식인 가속도의 법칙 ($f=ma$)이 포함돼 있다.

하지만 피타고라스 또한 유리수 이론이 스스로 기반을 약화하고 지나치게 단순화된 모든 정량적 과학을 방해하는 힘을 드러낸다는 걸 깨달았다. 그는 일부 숫자가 전부는 아니며, 분수나 등식에 사용할 수 없는 숫자도 있다는 걸 발견했다. 그리고 절대로 끝나지 않는 소수 전개가 특징인 숫자들을 무리수라고 불렀다. 규칙이나 특정한 패턴 없이 무한히 나간다(파이가 가장 잘 알려지고 활용할 수 있는 무리수다).

또한, 무리수의 개념에는 뇌졸중으로 무의지증을 겪는 환자가 새로운 환경에서 말을 하는 불확실성도 포함된다. 신경과학의 법칙에서는 예상할 수 없는 일이다. 그리고 합리적인 욕구 추구로는 설명할 수 없고, 예상할 수 없는 이유로 지출을 결정하는 행동경제학도 '비합리적인' 무리수가 떠오르게 한다.

인류가 어떻게 행동할지는 피타고라스의 모든 무리수처럼 무한대를 향해 달려간다. 피타고라스는 기원전 6세기의 고대 그리스에서 21세기 과학자들의 연구 결과들을 내다봤다.

여전히 풀리지 않는 문제가 있다. 감정, 가치, 그리고 다른 정량화되지 않는 것들을 생각하지 않고, 숫자를 우선시하는 태도를 받아들여야 할 적절한 시간과 장소는 언제일까?

이것은 두 명의 고대 그리스 사상가들 사이에, 20세기 신경학의 대부와 그의 환자 사이에, 분기 목표를 이루려는 기업들과 이 목표를 채워야만 하는 고용인 사이에 존재하는 긴장감이다.

우리 스스로 일터의 소크라테스가 되자

대학원에 다닐 때 우리는 시카고대학교 캠퍼스 바로 근처에 있는 유명한 서점에 자주 갔다. 그곳은 늘 사람이 많았다. 우리는 여기서 상당히 많은 책을 훑어보고 구입했다.

시간이 흘러, 서점은 더 크고 현대적인 장소로 옮겨가게 됐다. 서점 직원들은 어둑한 벽감에 있던 책들을 끝도 없이 이어진 밝고 매끈한 책장으로 제때 옮기기 위해 노력했지만, 일정을 맞추지 못하고 있었다.

여름이 되자 학생들이 시카고에 돌아왔다. 수업이 시작되며 읽어야 할 책의 목록들이 나왔는데, 새 점포의 책들은 여전히 상자에 들어있었다. 학기의 처음 몇 주간은 혼돈과 소동이 이어졌다. 학생들은 현대 조각품처럼 생긴 갈색 상자 더미를 뒤적였는데 대충 책의 내용에 따라 알파벳으로 분류되어 있었다.

이 혼돈을 조금이나마 정리하기 위해 한 직원이 각 주제가 시작하는 지점과 끝나는 지점을 나타내는 임시 표지판을 재생지에 대강 프린트해 붙였다. 인류학[a]부터 동물학[b]까지 모두 알파벳 순서대로 정렬됐다. 새로운 선반의 중간쯤에 현대의 라파엘이 그린 듯한 솜씨로 간단한 표지가 쓰여 있었다.

"수학이 끝나고, 철학이 시작된다."

뭘 좀 아는 서점 직원이다. 요즘 너무 많은 기관이 순수하게 정량적 수치로만 의사결정을 내리고 있다. 기관들은 서점 직원의 안내를 받았지만, 수학과 철학을 반대로 읽은 모양이다. 철학이 끝나고, 수학이 시작된다고.

숫자는 매우 중요하며 경험과학은 수많은 방식으로 우리의 삶을 발전시켰다. 우리는 수학을 끝내야 한다고 제안하는 게 아니다. 정량적인 정보와 분석은 우리가 다른 행성을 탐험하고, 과거의 불치병을 치료할 기계를 개발하고, 성냥갑보다 작지만 강력한 컴퓨터 시스템을 만들 수 있게 도왔다.

숫자는 회사가 재정적인 성과를 측정하고, 잠재적 투자자들에게 해줄 말을 만들며, 회사의 운영진이 중요한 결정을 내릴 때 바탕이 되는 맥락을 제공한다. 달리 말하면 숫자는 사업을 운영하거나 의료 행위를 하거나 현대의 거의 모든 전문 분야의 기초가 된다.

하지만 기관들은 숫자에만 의지해서는 안 된다. 공감에 찬성하고 비인간화에 맞서는 연구로 분명히 증명되었다. 심리적 안정감과 행동경제학에 관한 연구는 자본주의가 미래에도 성공하려면 일터가 인간성에 초점을 맞추는 게 중요하다고 강조한다. 생각, 대화, 창조 과정은 이 모든 인간적인 접근법을 모으고, 숫자와 감정을 통합해 목표를 달성해줄 실행 가능한 방법론이다.

생각, 대화, 창조 과정은 모든 직업군에서 효과를 볼 수 있는 방법이다. 어떤 문제든 수학과 철학 중 하나가 아니라 양쪽이 모두 필요하기 때문이다.

라파엘 그림의 압권은 플라톤과 아리스토텔레스가 그림의 가운데 대등한 지위로 등장한 것이다. 철학의 역사에서 우리는 이 둘의 가르침을 모두 배워야 하며 한 손이 아닌 양손을 사용해야 한다.

숫자는 의심의 여지 없이 중요하며 정량적인 태도도 때로는 필수적이다. 하지만 최근에는 인간적인 면을 그림에서 찾아볼 수 없게 됐다. 우리는 자주 심오한 감정, 뉘앙스, 사회적 배려, 그리고 다른 인간적인 요소들에 충분한 가치를 두지 않고 있다.

리더들을 예로 들면, '청사진'이 무슨 의미인지도 모르면서 청사진에 관해 이야기한다. 그리고 우리는 숫자에 너무 집중한 나머지 직업 생활에 상당히 중요한 비 정량적인 면을 놓치고 있다. 숫자 뒤에 무엇이 도사리고 있는지, 그리고 성공과 실패의 강력한 결정 요인이 무엇인지 자주 놓친다.

우리가 흔히 두 세계를 혼동하는 게 문제다. 정량적인 방법론을 인문적, 심지어 철학적 용어로 서술해 우리가 두 가지 토대를 모두 포괄하고 있다고 착각하기도 한다.

구글이 최고의 팀을 찾는 실험의 이름은 '아리스토텔레스 프로젝트'였다. 심지어 직원들과 소통하는 인공지능 서비스를 제공하는 로봇의 이름은 '소크라테스'였다. 로봇의 이름이 소크라테스인 건, 자동 피아노의 이름이 '베토벤'인 것과 같다. 재치 있지만 부적절한 이름이기도 하다.

우리의 일터에는 소크라테스라는 이름의 로봇은 필요 없다. 우리 스스로 일터에서 소크라테스가 돼야 한다.

Socrates' way of thinking

경제가 요동치는 가운데 어느 때보다도 무거운 스트레스가 짓누르는 지금. 우리에게 필요한 것은 우리를 인간답게 만들어주며 행동에 의미를 부여해 우리 안의 잠재력을 깨워줄 가치를 재발견하는 일이다.

그러나 오늘날 일터에서는 사람과 사람 사이의 연결이 빛을 잃은 지 오래다.
지나치게 숫자에 집착하고 순익을 따지는 사고방식이 팽배해 있으며, 일터와 기업에서는 알고리즘이라는 상전 아래 '긁고 할퀴는' 방식으로 일이 돌아가고 있다.

하지만, 기억하자. 고대 그리스의 철학은 죽지 않았다.
잘 활용하면 현대의 일터를 더 생기 있게 만들 수 있다.
소크라테스에게 사약을 내리지 말고 월급을 올려줘야 하는 이유다.

감사의 말

아주 사소하고 평범한 행동이 내 주변 사람들의 삶을 바꾼다는 건 놀라운 일이다. 우리는 이 사실을 소중한 친구 덕분에 알게 됐다. 바로 작가이자 정치인, 모든 방면에 뛰어난 로버트 브루스 랙레프다.

2015년 초 어느 날, 밥은 〈더 이코노미스트〉에 나온 기업의 문제해결에 철학을 접목하는 방법에 관한 기사를 잘라서 우리에게 우편으로 보냈다. 이로써 보스턴 근교의 카페에서 우리가 서로 처음 만나고, 금세 동료가 되고, 친구가 되고, 이 책의 공동 저자가 되는 사건이 시작됐다. 우리는 밥이 함께 보낸 글과 함께 기사를 액자에 넣어 사무실에 걸어 놓았다.

우리는 운이 좋게도 우리의 생각과 영감을 듣고, 또 들어주는 훌륭한 사람들을 많이 만났다. 부모님인 제인과 고인이 되신 로버트 브렌델, 도나와 폴 스텔저, 그리고 소중한 가족들인 깃, 개리, 마이클 존, 리사, 앤서니, 니콜라스, 바바라, 조, 메리, 페기, 마크, 토마스, 이루냐, 기스-시, 카를로스, 지아, 맷, 구스타보, 사브리나, 아리아나, 맥스, 루크, 마리, 브라이언, 조셉도 포함된다.

7장에 열의를 다해 주의를 기울여준 아이작, 건설적인 조언을 해준 일라이아스 그리고 베가에게도 감사의 말을 전한다. 그리고 켈시, 해리는 형언할 수 없는 지혜를 전해줬다.

또한, 친한 친구와 동료들의 도움과 소중한 통찰력에 고마움을 전한다. 단 브릭만, 로렌 오르토스키, 제이미 라디체, 폴과 캐롤린 캐콜리스, 크리스티나 코르세, 줄리 코폴로스, 이언리드, 소피 수터, 맷 데루카, 아만다 가르시아, 테레사 레스케, 캐롤린과 케빈 스콥, 스티븐과 피오나 로슈, 레이너 리오스, 사라 타트겐호르스트, 라이언 냅, 코너 코지올, 리나 두아르테, 대니얼 릭스, 데빈 오브라이언, 데이브 스팔리나, 그렉 린치, 샬린 데사이, 클라라스 키르치헬레, 샨티 존스, 알렉스 골드, 에론 코헨, 스테판 칼트, 에미 슈타멜, 카렌 마리넬라 홀, 알렉스 부코빅, 패트릭 맥라렌, 앤드루 나이틀리히, 스투 코먼, 짐 그린블랫, 파울라 배스, 밥 킨, 알렉 바드킨, 멜린다 메리노, 개리 리치오, 키스톤 파트너스의 수많은 훌륭한 동료들과 고인이 되신 브라이언 파커스가 있다.

지난 몇 년 동안 대단한 선생님과 멘토들과 함께 하는 행운을 누렸다. 비록 모두 여기에 언급할 수는 없지만 프레드 호크

버그, 캐시 딜라드, 캐리 위벤, 짐 크루즈, 아룰라난탐, 키스 린하트, 랄프 러너, C. 앨런 스페이츠, 개리 다이닌, 질 키넌, 마리 헐리, 제프리 페티스, 루 메리노프, 모리스 나탕송, 그리고 토마스 만의 소설 《마의 산》에 나오는 잊지 못할 한스 카스토르프는 특별히 언급하고 싶다.

삼야 스투모의 가족에게 진심 어린 감사를 보낸다. 그녀의 엄마 나디아 밀러론, 삼촌 타렉 밀러론, 친구 마이크 스네이블리. 이들의 강인함과 용기는 놀라지 않을 수 없었다. 삼야의 이야기를 실을 수 있었던 건 특권이자 영광이다.

사생활 보호를 위해, 우리는 책의 전반에 나오는 이야기의 특정 인물들은 이름을 바꿨다. 일부 사례에서는 사람들을 특정할 수 없도록 이야기의 다양한 세부 사항을 바꾸기도 했다. 하지만 모든 사례에서 중요한 요점은 훼손하지 않았다.

기꺼이 우리에게 통찰력을 공유해준 많은 과학자, 학자, 연구자들에게 감사의 말을 전한다. 특히 엘리자베스 네카, 라헬 로메오, 샌드라 코마스, 폴 잭, 마리안 베르트랑, 윌리엄 벨랑거에게 감사드린다. 랄프 네이더, 고인인 존 보글, 매튜 이글레시아스 그리고 더글라스 맥밀란 같은 다른 혁신자들과 영향력 있는 사람들께도 같은 말을 전한다.

최고의 편집자 존 마하니의 프로정신과 지혜는 헤아리기 힘들 정도다. 그가 이 프로젝트를 믿고 단계가 진행될 때마다 지원해준 것에 감사하다. 퍼블릭어페어스와 아셰트의 팀 전체에도 감사하며, 특히 켈리 렌케비치와 리즈 다나에게 감사를 전한다.

마지막으로 보스턴의 니림 & 윌리엄스의 팀에도 감사를 전한다. 훌륭한 에이전트 캐롤린 사바레세의 꾸준한 독려와 안내가 이 책을 가능하게 만들었다. 캐롤린의 동료인 윌리엄 패트릭에게도 특별한 감사를 전한다. 그는 초기부터 아이디어를 발전시킬 수 있도록 훌륭하게 도와줬다.

우리는 생각, 대화, 창조 과정을 보아왔고, 그것을 적용하면서 살아왔기에 믿고 있다.

당신 역시 영감을 얻어가길 바란다.

Notes

이 글을 시작하며

1. Muir, William M., and David Sloan Wilson. "When the Strong Outbreed the Weak: An Interview with William Muir." The Evolution Institute, 11 July 2016, evolution-institute. org/when-the-strong-outbreed-the-weak-an-interview-with-william-muir/.

2. "One Million Species to Go Extinct 'Within Decades.'" Al Jazeera, 6 May 2019, www.aljazeera.com/news/2019/05/06/one-million-species-to-go-extinct-within-decades/.

3. Alexander, Amir. "Disorder Rules the Universe." New York Times, 16 Feb. 2015, www.nytimes. com/2015/02/17/science/the-quantum-moment-recounts-the-end-of-determinism.html.

4. Rostand, Jean. Pensées d'un biologiste. Paris: Stock, 1939.

5. Kahn, William A. "Psychological Conditions of Personal Engagement and Disengagement at Work." Academy of Management Journal, vol. 33, no. 4, 1990, pp. 692–724, doi:10.5465/256287.

6. Nickisch, Curt, and Amy Edmondson. "Creating Psychological Safety in the Workplace." Harvard Business Review, 22 Jan. 2020, hbr.org/podcast/2019/01/creating-psycho-logical-safety-in-the-workplace.

7. Thompson, Leigh. "Go Ahead and Tell Your Most Embarrassing Story. It Will Boost Your Creativity." Fast Company, 19 Sept. 2019, www.fast-company.com/90406432/go-ahead-and-tell-your-most-embarrassing-story-it-will-boost-your-creativity.

8. Lublin, Joann S. "Companies Try a New Strategy: Empathy Training." Wall Street Journal, 21 June 2016, www.wsj.com/articles/com-panies-try-a-new-strategy-empa-thy-1466501403.

9. Wilson, Ernest J., III. "Empathy Is Still Lacking in the Leaders Who Need It Most." Harvard Business Review, 21 Sept. 2015, hbr.org/2015/09/empathy-is-still-lacking-in-the-leaders-who-need-it-most.

10. Jensen, Keld. "Intelligence Is Over-rated: What You Really Need to Succeed." Forbes, 13 Nov. 2012, www.forbes.com/sites/keldjen-sen/2012/04/12/intelligence-is-over-rated-what-you-really-need-to-suc-ceed.

11. Williams, Ray. "The Biggest Predic-tor of Career Success? Not Skills or Education—but Emotional Intelli-gence." Financial Post, 1 Jan. 2014, https://financialpost.com/executive/

careers/the-biggest-predictor-of-career-success-not-skills-or-education-but-emotional-intelligence.

12. Swisher, Kara. "Who Will Teach Silicon Valley to Be Ethical?" New York Times, 21 Oct. 2018, www.nytimes.com/2018/10/21/opinion/who-will-teach-silicon-valley-to-be-ethical.html.

13. Walsh, Dylan. "The Workplace Is Killing People and Nobody Cares." Insights by Stanford Business, 15 Mar. 2018, www.gsb.stanford.edu/insights/workplace-killing-people-nobody-cares.

14. Virtanen, Marianna, et al. "Job Strain and Psychologic Distress." American Journal of Preventive Medicine, vol. 33, no. 3. 2007, pp. 182–187, doi:10.1016/j.amepre.2007.05.003.

15. Krugman, Paul. "On the Economics of Not Dying." New York Times, 28 May 2020, www.nytimes.com/2020/05/28/opinion/coronavirus-economy-death.html.

1장 일과 인생의 가장 큰 변수는 '사람'

1. Plato. Plato: Five Dialogues. Edited by John M. Cooper. Indianapolis, IN: Hackett, 2002.

2장 소크라테스의 문제해결법 '생각, 대화, 창조'

1. Google. "Re:Work." 2015, rework.with google.com/print/guides/572131265 5835136/.

2. Duhigg, Charles. "What Google Learned from Its Quest to Build the Perfect Team." New York Times, 25 Feb. 2016, www.nytimes.com/2016/02/28/magazine/what-google-learned-from-its-quest-to-build-the-perfect-team.html.

3. Google. "Define 'Effectiveness.'" In Guide: Understand Team Effectiveness. Re:Work, 2015, rework.withgoogle.com/guides/understanding-team-effectiveness/steps/define-effectiveness/.

4. Google. "Define 'Effectiveness.'" In Guide: Understand Team Effectiveness. Re:Work, 2015, rework.withgoogle.com/guides/understanding-team-effectiveness/steps/define-effectiveness/.

5. Duhigg, Charles. "What Google Learned from Its Quest to Build the Perfect Team." New York Times, 25 Feb. 2016, www.nytimes.com/2016/02/28/magazine/what-google-learned-from-its-quest-to-build-the-perfect-team.html.

6. Ross, Judith A. "Make Your Good Team Great." Harvard Business Review, 7 Aug. 2014, hbr.org/2008/02/make-your-good-team-great-1.

7. Google. "Define 'Effectiveness.'" In Guide: Understand Team Effectiveness. Re:Work, 2015, rework.withgoogle.com/guides/understanding-team-effectiveness/steps/define-effectiveness/.

8. Kahn, William A. "Psychological Conditions of Personal Engagement and Disengagement at Work." Academy of Management Journal, vol. 33, no. 4, 1990, pp. 692–724, doi:10.5465/256287.

9. Herway, Jake. "How to Create a Culture of Psychological Safety." Gallup, 7 Dec. 2017, www.gallup.com/workplace/236198/create-cul-

ture-psychological-safety.aspx.

10. Google. "Identify Dynamics of Effective Teams." In Guide: Understand Team Effectiveness. Re:Work, 2015, rework.withgoogle.com/guides/understanding-team-effectiveness/steps/identify-dynamics-of-effective-teams/.

11. Zak, Paul J. Trust Factor: The Science of Creating High-Performance Companies. New York: AMACOM, 2017.

12. Conger, Kate, and Daisuke Wakabayashi. "Google Fires 4 Workers Active in Labor Organizing." New York Times, 25 Nov. 2019, www.nytimes.com/2019/11/25/technology/google-fires-workers.html.

13. Bergen, Mark. "Google Workers Protest Company's 'Brute Force Intimidation.'" Bloomberg, 22 Nov. 2019, www.bloomberg.com/news/articles/2019-11-22/google-workers-protest-company-s-brute-force-intimidation.

14. Duhigg, Charles. "What Google Learned from Its Quest to Build the Perfect Team." New York Times, 25 Feb. 2016, www.nytimes.com/2016/02/28/magazine/what-google-learned-from-its-quest-to-build-the-perfect-team.html.

3장 부족한 정보까지 찾아내는 '능동적 탐구'

1. Castro, D. R., et al. "Mere Listening Effect on Creativity and the Mediating Role of Psychological Safety." Psychology of Aesthetics, Creativity, and the Arts, vol. 12, no. 4, 2008, pp. 489–502, doi:10.1037/aca0000177.

2. Freud, Sigmund. New Introductory Lectures on Psycho-Analysis. Edited by James Strachey. New York: W. W. Norton, 1990.

4장 일터와 일상에 '심리적 안정감'이 필요한 이유

1. Burke, Kenneth. Permanence and Change: An Anatomy of Purpose. Berkeley: University of California Press, 1984.

2. Canales, Katie. "Amazon CEO Jeff Bezos Said Social Media Is a 'Nuance-Destruction Machine' When Asked About His Views on 'Cancel Culture.'" Business Insider, 29 July 2020, www.businessinsider.com/jeff-bezos-amazon-nuance-destruction-machine-social-media-2020-7.

3. Twomey, Steve. "Phineas Gage: Neuroscience's Most Famous Patient." Smithsonian Institution, Jan. 2010, www.smithsonianmag.com/history/phineas-gage-neurosciences-most-famous-patient-11390067/.

4. Kahneman, Daniel. Thinking, Fast and Slow. New York: Farrar, Straus and Giroux, 2011.

5. Plato. Phaedrus. Translated by Robin Waterfield. Oxford: Oxford University Press, 2009.

6. World Health Organization. "Burn-Out an 'Occupational Phenomenon': International Classification of Diseases." 28 May 2019, www.who.int/mental_health/evidence/burn-out/en/.

7. Curtin, Sally C., Margaret Warner, and Holly Hedegaard. "Increase

in Suicide in the United States, 1999–2014." NCHS Data Brief no. 241, 2016, https://pubmed.ncbi.nlm.nih.gov/27111185/.

8. National Institute of Mental Health. "Suicide." Sept. 2020, www.nimh.nih.gov/health/statistics/suicide.shtml.

9. Case, Anne, and Angus Deaton. Deaths of Despair and the Future of Capitalism. Princeton, NJ: Princeton University Press, 2020.

10. Pope Leo XIII. "Rerum Novarum: Encyclical of Pope Leo XIII on Capital and Labor." Holy See, 14 May 1891, www.vatican.va/content/leo-xiii/en/encyclicals/documents/hf_l-xiii_enc_15051891_rerum-novarum.html.

11. Rubio, Marco. "What Economics Is For." First Things, 26 Aug. 2019, www.firstthings.com/web-exclusives/2019/08/what-economics-is-for.

12. Pfeffer, Jeffrey. Dying for a Paycheck: How Modern Management Harms Employee Health and Company Performance—and What We Can Do About It. New York: Harper Business, 2018.

13. Walsh, Dylan. "The Workplace Is Killing People and Nobody Cares." Insights by Stanford Business, 15 Mar. 2018, www.gsb.stanford.edu/insights/workplace-killing-people-nobody-cares.

14. "France Télécom Suicides: Three Former Bosses Jailed." BBC News, 20 Dec. 2019, www.bbc.com/news/world-europe-50865211.

15. Nossiter, Adam. "3 French Executives Convicted in Suicides of 35 Workers." New York Times, 20 Dec. 2019, www.nytimes.com/2019/12/20/world/europe/france-telecom-suicides.html.

5장 점점 더 비인간화되는 환경의 문제점

1. Baylor University. "Supervisors, Coworkers Tolerate Unethical Behavior When Production Is Good, Study Finds." Science Daily. 5 Apr. 2016, www.sciencedaily.com/releases/2016/04/160405095015.htm.

2. Christoff, Kalina. "Dehumanization in Organizational Settings: Some Scientific and Ethical Considerations." Frontiers in Human Neuroscience, 24 Sep. 2014, doi:10.3389/fnhum.2014.00748.

3. Choi, BongKyoo. "Job Strain, Long Work Hours, and Suicidal Ideation in US Workers: A Longitudinal Study." International Archives of Occupational and Environmental Health, vol. 91, no. 7, 2018, pp. 865–875, doi:10.1007/s00420-018-1330-7.

4. Hempstead, Katherine A., and Julie A. Phillips. "Rising Suicide Among Adults Aged 40–64 Years: The Role of Job and Financial Circumstances." American Journal of Preventive Medicine vol. 48, no. 5, 2015, pp. 491–500, doi:10.1016/j.amepre.2014.11.006.

5. Walsh, Dylan. "The Workplace Is Killing People and Nobody Cares." Insights by Stanford Business, 15 Mar. 2018, www.gsb.stanford.edu/insights/workplace-killing-people-nobody-cares.

6. Cross, Rob, Reb Rebele, and Adam Grant. "Collaborative Overload."

Harvard Business Review, Jan.–Feb. 2016, hbr.org/2016/01/collaborative-overload.

7. Chui, Michael, James Manyika, and Mehdi Miremadi. "Where Machines Could Replace Humans—and Where They Can't (Yet)." McKinsey Quarterly, July 2016, www.mckinsey.com/business-functions/mckinsey-digital/our-insights/where-machines-could-replace-humans-and-where-they-cant-yet.

8. Selyukh, Alina. "Walmart Is Eliminating Greeters. Workers with Disabilities Feel Targeted." NPR, 25 Feb. 2019, www.npr.org/2019/02/25/696718872/walmart-is-eliminating-greeters-workers-with-disabilities-feel-targeted.

9. Selyukh, Alina. "Walmart Is Eliminating Greeters. Workers with Disabilities Feel Targeted." NPR, 25 Feb. 2019, www.npr.org/2019/02/25/696718872/walmart-is-eliminating-greeters-workers-with-disabilities-feel-targeted.

10. Nassauer, Sarah. "Walmart Store Managers Make $175,000 a Year on Average." Wall Street Journal, 8 May 2019, www.wsj.com/articles/walmart-store-managers-make-175-000-a-year-11557339360.

11. Meyersohn, Nathaniel. "Walmart CEO Doug McMillon's Total Pay Was Nearly $24 Million Last Year." CNN, 24 Apr. 2019, www.cnn.com/2019/04/23/business/walmart-ceo-doug-mcmillon-pay-retail/index.html.

12. Walmart. "Walmart U.S. Q4 Comp Sales(1) Grew 4.2% and Walmart U.S. ECommerce Sales Grew 43%, Q4 2019 GAAP EPS of $1.27." corporate.walmart.com/newsroom/2019/02/19/walmart-u-s-q4-comp-sales1-grew-4-2-and-walmart-u-s-ecommerce-sales-grew-43-q4-2019-gaap-eps-of-1-27.

6장 숫자만 따지는 것이 왜 위험할까?

1. Caro, Robert. The Power Broker. New York: Knopf, 1974.

2. Caro, Robert. The Power Broker. New York: Knopf, 1974.

3. Schwartz, Nelson D., and Michael Corkery. "When Sears Flourished, So Did Workers. At Amazon, It's More Complicated." New York Times, 23 Oct. 2018, www.nytimes.com/2018/10/23/business/economy/amazon-workers-sears-bankruptcy-filing.html.

4. Friedman, Milton. "The Social Responsibility of Business Is to Increase Its Profits." New York Times Magazine, 13 Sept. 1970, http://umich.edu/~thecore/doc/Friedman.pdf.

5. Friedman, Milton. "The Social Responsibility of Business Is to Increase Its Profits." New York Times Magazine, 13 Sept. 1970, http://umich.edu/~thecore/doc/Friedman.pdf.

6. Jensen, Michael C., and Kevin J. Murphy. "CEO Incentives—It's Not How Much You Pay, But How." Harvard Business Review, May–June 1990, hbr.org/1990/05/ceo-incentives-its-not-how-much-you-pay-but-how.

7. Mishel, Lawrence, and Julia Wolfe. "CEO Compensation Has Grown 940% Since 1978." Economic Policy Institute, 14 Aug. 2019, www.epi.org/publication/ceo-compensation-2018/.

8. Eavis, Peter, and Anupreeta Das. "Rare Stock Tweak During Pandemic Adds Millions to a C.E.O.'s Potential Payout." New York Times, 4 June 2020, www.nytimes.com/2020/06/04/business/raytheon-ceo-stock.html.

9. Enrich, David, and Rachel Abrams. "McDonald's Sues Former C.E.O., Accusing Him of Lying and Fraud." New York Times, 10 Aug. 2020, www.nytimes.com/2020/08/10/business/mcdonalds-ceo-steve-easterbrook.html.

10. Holson, Laura M. "Ruling Upholds Disney's Payment in Firing of Ovitz." New York Times, 10 Aug. 2005, www.nytimes.com/2005/08/10/business/media/ruling-upholds-disneys-payment-in-firing-of-ovitz.html.

11. Rawls, John. A Theory of Justice. Cambridge, MA: Harvard University Press, 1971.

12. Christoff, Kalina. "Dehumanization in Organizational Settings: Some Scientific and Ethical Considerations." Frontiers in Human Neuroscience, 24 Sep. 2014, doi:10.3389/fnhum.2014.00748.

13. Christoff, Kalina. "Dehumanization in Organizational Settings: Some Scientific and Ethical Considerations." Frontiers in Human Neuroscience, 24 Sep. 2014, doi:10.3389/fnhum.2014.00748.

14. Terdiman, Daniel. "Welcome to 'the Matrix': At FedEx's Sorting Hub, 1 Night, 1.5M Packages." CNET, 12 July 2014, www.cnet.com/news/at-fedex-sorting-packages-1-5-million-at-a-time/.

15. Risher, Wayne. "FedEx Investing $1 Billion to Expand Its Memphis Hub, Improve Network." USA Today, 14 Mar. 2018, www.usatoday.com/story/money/nation-now/2018/03/14/fedex-investing-1-billion-expand-its-memphis-hub-improve-network/424574002/.

16. Good Jobs First. "FedEx: Violation Tracker." violationtracker.goodjobsfirst.org/parent/fedex.

17. Risher, Wayne. "Tennessee Cites FedEx for Fatal Accident, Proposes $4,000 Fine." Transport Topics, 18 May 2016, www.ttnews.com/articles/tennessee-cites-fedex-fatal-accident-proposes-4000-fine.

18. DiCasimirro, Gemma, and Kurt Chirbas. "FedEx Worker Dies Unloading Plane at Memphis International Airport." NBC News, 24 Nov. 2017, www.nbcnews.com/news/us-news/fedex-worker-dies-unloading-plane-memphis-international-airport-n823741.

19. "Family of FedEx Employee Killed in Accident Sues Equipment Makers." WMC5 Action News, 14 Nov. 2018, www.wmcactionnews5.com/2018/11/14/family-fedex-employee-killed-accident-sues-equipment-makers/.

20. "FedEx to Pay Millions in Retaliation Case." NBC Los Angeles, 7 Nov. 2018, www.nbclosangeles.com/local/fedex-to-pay-millions-in-

retaliation-case/144180/.

21. Sherman, Erik. "FedEx Latest Company Slammed Over 'Independent' Employees." Forbes, 3 Sept. 2014, www.forbes.com/sites/eriksherman/2014/09/03/fedex-latest-company-slammed-over-independent-employees.

22. DePillis, Lydia. "How FedEx Is Trying to Save the Business Model That Saved It Millions." Washington Post, 23 Oct. 2014, www.washingtonpost.com/news/storyline/wp/2014/10/23/how-fedex-is-trying-to-save- the-business- model- that-saved-it-millions/.

23. Lamansky, Katrina. "FedEx Worker Found Dead Outside East Moline Delivery Hub." WQAD, 31 Jan. 2019, www.wqad.com/article/news/local/drone/8-in-the-air/body-of-fedex-worker-found-outside-east-moline-delivery-hub/526-fbb51b6e-299a-4a5d-80e4-4c42e9c0bb3b.

24. Seville, Lisa Riordan, et al. "In the Hot Seat: UPS Delivery Drivers at Risk of Heat-Related Illnesses." NBC News, 18 July 2019, www.nbcnews.com/business/economy/hot-seat-ups-delivery-drivers-are-risk-heat-stroke-kidney-n1031321.

25. H-E-B. "H-E-B Deploys Mobile Kitchen to SE Texas, Sends Aid to Louisiana Food Banks." H-E-B Newsroom, 28 Aug. 2020, newsroom.heb.com/h-e-b-deploys-mobile-kitchen-to-se- texas-sends-aid-to-louisiana-food-banks/.

7장 긍정적이고 충성스러운 고객을 모으는 법

1. Magids, Scott, Alan Zorfas, and Daniel Leemon. "The New Science of Customer Emotions." Harvard Business Review, Nov. 2015, hbr.org/2015/11/the-new-science-of-customer-emotions.

2. Mohammed, Rafi. "After a Blizzard, What's a Fair Price for a Shovel?" Harvard Business Review, 11 Feb. 2013, hbr.org/2013/02/after-a-blizzard-whats-a-fair.

3. Thaler, Richard H. "From Cashews to Nudges: The Evolution of Behavioral Economics." American Economic Review, vol. 108, no. 6, June 2018, pp. 1265–1287, doi:10.1257/aer.108.6.1265.

4. AP. "A Tale of Two Arenas: Islanders Fans Prefer the Coliseum." USA Today, 30 Jan. 2019, www.usatoday.com/story/sports/nhl/2019/01/30/a-tale-of-two-arenas-islanders-fans-prefer-the-coliseum/38976503/.

5. Albanese, Laura. "Gary Bettman Still Noncommittal on Islanders Games at Coliseum." Newsday, 25 Jan. 2020, www.newsday.com/sports/hockey/islanders/islanders-nhl-gary-bettman-1.40977288.

6. Compton, Brian. "Tavares Signs Seven-Year Contract with Maple Leafs." NHL, 1 July 2018, www.nhl.com/news/john-tavares-signs-seven-year-deal-with-toronto-maple-leafs/c-299370932.

7. Governor Andrew M. Cuomo. "Governor Cuomo Announces New York Islanders to Return to Long Island Next Season—Three Years Ahead of Schedule." New York

State, 29 Jan. 2018, www.governor. ny.gov/news/governor-cuomo-announces-new-york-islanders-return-long-island-next-season-three-years-ahead.

8. Staple, Arthur. "Islanders' Return to Nassau Coliseum Creates Playoff Atmosphere." Newsday, 18 Sept. 2017, www.newsday.com/sports/hockey/islanders/islanders-return-to-nassau-coliseum-creates-playoff-atmosphere-1.14203031.

9. Kreda, Allan. "Islanders Return to Nassau Coliseum, Thrilling Fans and Players Alike." New York Times, 1 Dec. 2018, www.nytimes. com/2018/12/01/sports/islanders-nassau-coliseum.html.

10. Gross, Andrew. "Ex-Islander Calvin de Haan Says Hurricanes Benefited from Avoiding Nassau Coliseum." Newsday, 2 May 2019, www.newsday.com/sports/hockey/islanders/nassau-coliseum-hurricanes-calvin-de-haan-1.30555112.

8장 사업을 개선하기 위해 철학이 필요하다

1. "One Million Species to Go Extinct 'Within Decades.'" Al Jazeera, 6 May 2019, www.aljazeera.com/news/2019/05/06/one-million-species-to-go-extinct-within-decades/.

2. "American Business Schools Are Reinventing the MBA." The Economist, 2 Nov. 2019, www.economist. com/business/2019/11/02/american-business- schools-are-reinventing-the-mba.

3. Jenkin, Matthew. "Millennials Want to Work for Employers Committed to Values and Ethics." The Guardian, 5 May 2015, www.theguardian. com/sustainable-business/2015/may/05/millennials-employment-employers-values-ethics-jobs.

4. Chamberlain, Andrew, and Daniel Zhao. "The Key to Happy Customers? Happy Employees." Harvard Business Review, 19 Aug. 2019, hbr. org/2019/08/the-key-to-happy-customers-happy-employees.

5. Oliver, Laura. "Millennials Want to Work for Employers with a Purpose Beyond Profit." AAT Comment, 18 July 2017, www.aatcomment. org.uk/career/millennials-want-to-work-for-employers-with-a- purpose-beyond-profit/.

6. Dvorak, Nate, and Bailey Nelson. "Few Employees Believe in Their Company's Values." Gallup, 13 Sept. 2016, news.gallup.com/businessjournal/195491/few-employees-believe-company-values.aspx.

7. Graham, John R., et al. "Corporate Culture: Evidence from the Field." National Bureau of Economic Research, Mar. 2017, doi:10.3386/w23255.

8. Durinski, Tiffany. "2020 Engagement & Retention Report." Achievers, 30 Jan. 2020, www. achievers.com/resources/white-papers/2020-engagement-retention-report.

9. Twenge, Jean M., et al. "Generational Differences in Work Values: Leisure and Extrinsic Values Increasing, Social and Intrinsic Values Decreasing." Journal of Management, vol. 36, no. 5, 2010, pp. 1117–1142, doi:10.1177/0149206309352246;

Goler, Lori, et al. "The 3 Things Employees Really Want: Career, Community, Cause." Harvard Business Review, 20 Feb. 2018, hbr. org/2018/02/people-want-3-things-from-work-but-most-companies-are-built-around-only-one.

10. The 2017 Deloitte Millennial Survey. New York: Deloitte, 2017, www2. deloitte.com/content/dam/Deloitte/ global/Documents/About-De-loitte/gx-deloitte-millennial-sur-vey-2017-executive-summary.pdf.

11. Boulding, William. Personal inter-view. 11 Nov. 2019.

12. University of Chicago. "UChicago's 531st Convocation Ceremony." You-Tube, 9 June 2018, www.youtube. com/watch?v=ZSUkm7K0jHI.

13. Marsh, James, dir. Man on Wire. London: BBC Storyville, 2008.

14. Viney, Donald Wayne. "William James on Free Will: The French Connection." History of Philoso-phy Quarterly, vol. 14, no. 1, 1997, pp. 29–52, www.jstor.org/sta-ble/27744729.

15. James, William. The Will to Believe. New York: Dover, 1960.

9장 믿을 의지가 있어야 바꿀 수 있다

1. Weingarten, Carol P., and Timothy J. Strauman. "Neuroimaging for Psychotherapy Research: Current Trends." Psychotherapy Research, vol. 25, no. 2, 2015, pp. 185–213, do i:10.1080/10503307.2014.883088.

2. Beauregard, Mario. "Functional Neuroimaging Studies of the Effects of Psychotherapy." Dialogues in Clinical Neuroscience, vol. 16, no.

1, 2014, pp. 75–81, www.ncbi.nlm. nih.gov/pmc/articles/PMC3984893/.

3. Footnote. "About." 2020, footnote. co/about/.

4. Kann, Drew, et al. "The Most Effective Ways to Curb Climate Change Might Surprise You." CNN, 19 Apr. 2019, edition.cnn.com/in-teractive/2019/04/specials/climate-change-solutions-quiz/.

5. Yglesias, Matthew. "The Emerg-ing 737 Max Scandal, Ex-plained." Vox, 29 Mar. 2019, www.vox.com/business-and-finance/2019/3/29/18281270/737-max-faa-scandal-explained.

6. Gelles, David. "Costs for Boe-ing Start to Pile Up as 737 Max Remains Grounded." New York Times, 12 Apr. 2019, www.nytimes. com/2019/04/12/business/boe-ing-planes-economy.html.

7. Domonoske, Camila. "Boeing Brings 100 Years of History to Its Fight to Restore Its Reputation." NPR, 20 Mar. 2019, www.npr. org/2019/03/20/705068061/boeing-brings-100-years-of-history-to-its-fight-to-restore-its-reputation.

8. Gregg, Aaron, et al. "At Tense Meet-ing with Boeing Executives, Pilots Fumed About Being Left in Dark on Plane Software." Washington Post, 14 Mar. 2019, www.washing-tonpost.com/business/economy/ new-software-in-boeing-737-max-planes-under-scrutinty-after-sec-ond- crash/2019/03/13/06716fda-45c7-11e9-90f0-0ccfeec87a61_story. html.

9. Cameron, Doug, and Benjamin Katz. "Boeing Orders Fall to 16-

Year Low." Wall Street Journal, 14 Jan. 2020, www.wsj.com/articles/boeing-orders-fall-to-16-year-low-11579018235.

10. Josephs, Leslie. "Boeing's Fired CEO Muilenburg Walks Away with More Than $60 Million." CNBC, 10 Jan. 2020, www.cnbc.com/2020/01/10/ex-boeing-ceo-dennis-muilenburg-will-not-get-severance-payment-in-departure.html.

11. Robinson, Peter, and Julie Johnson. "Boeing's Push to Make Training Profitable May Have Left 737 Max Pilots Unprepared." Bloomberg, 29 Dec. 2019, www.bloomberg.com/news/articles/2019-12-20/boeing-s-profit-push-may-have-left-737-max-pilots-unprepared.

12. Premack, Rachel. "Here's Why Fe-dEx Ditched Amazon and Is Throwing Itself into Powering Walmart's E-Commerce Aspirations." Business Insider, 5 Sept. 2019, www.businessinsider.com/fedex-ditched-amazon-walmart-ecommerce-2019-9.

13. Ziobro, Paul. "UPS Bets on Amazon, for Now." Wall Street Journal, 11 Aug. 2019, www.wsj.com/articles/ups-bets-on-amazon-for-now-11565521201.

10장 철학자의 생각법에서 찾아낸 소크라테스 성공법칙

1. Shakespeare, William. Hamlet. Edited by Robert S. Miola. New York: W. W. Norton, 2019.

2. Romeo, Rachel R., et al. "Beyond the 30-Million-Word Gap: Children's Conversational Exposure Is Associated with Language-Related Brain Function." Psychological Science, vol. 29, no. 5, May 2018, pp. 700–710, doi:10.1177/0956797617742725.

3. Nasios, Grigorios, Efthymios Dardiotis, and Lambros Messinis. "From Broca and Wernicke to the Neuromodulation Era: Insights of Brain Language Networks for Neurorehabilitation." Behavioural Neurology, vol. 2019, 22 Jul. 2019, doi:10.1155/2019/9894571.

4. Herwig, Uwe, et al. "Neural Activity Associated with Self-Reflection." BMC Neuroscience, vol. 13, no. 52, 2012, doi:10.1186/1471-2202-13-52.

옮긴이 신용우

성균관대학교 대학원에서 번역을 전공했으며, 다양한 분야에서 영어 전문 번역가로 활동하고 있다. 현재 출판번역에이전시 글로하나에서 영미서를 번역, 검토하고 있다. 역서로는《기네스 세계기록 2022》,《우리는 실패하지 않았다》,《우아하게 랍스터를 먹는 법》등이 있다. 해외 드라마와 영화도 70편 이상 번역했으며, 영화〈블레이드 러너〉, 다큐멘터리〈나의 시, 나의 도시〉,〈데이비드 보위〉등이 있다. 개봉작으로는〈랜드 오브 마인〉이 있다.

소크라테스 성공법칙

1판 1쇄 인쇄 2022년 11월 4일
1판 1쇄 발행 2022년 11월 11일

지은이 | 데이비드 브랜델, 라이언 스텔처
옮긴이 | 신용우
발행인 | 김태웅
편집주간 | 박지호
기획편집 | 이미순   **디자인** | 지완
마케팅 총괄 | 나재승
마케팅 | 서재욱, 김귀찬, 오승수, 조경현
온라인 마케팅 | 김철영, 최윤선, 변혜경
인터넷 관리 | 김상규
제　작 | 현대순
총　무 | 윤선미, 안서현, 지이슬
관　리 | 김훈희, 이국희, 김승훈, 최국호

발행처 | ㈜동양북스
등　록 | 제2014-000055호
주　소 | 서울시 마포구 동교로22길 14 (04030)
구입 문의 | (02) 337-1737   **팩스** (02) 334-6624
내용 문의 | (02) 337-1763   **이메일** dymg98@naver.com

ISBN 979-11-5768-831-9 03320